交流分析
諮商能力發展

DEVELOPING

TRANSACTIONAL

ANALYSIS

COUNSELLING

Ian Stewart 著

江原麟 譯

DEVELOPING

TRANSACTIONAL

ANALYSIS

COUNSELLING

Ian Stewart

English language edition published by Sage Publications of London, Thousand
Oaks and New Delhi, © Ian Stewart, 1996

目錄
Contents

PART · 1
交流分析的原則

PART · 2
發展交流分析諮商技術的三十種方法

Ian Stewart

擔任英國諾丁漢（Nottingham）伯恩學院（The Berne Institute）的主管，為該機構的合夥人之一。他是《伯恩——溝通分析學派的創始人》（*Eric Berne*, Sage, 1992）（中文版由生命潛能文化出版，2000）與《實用交流分析諮商》（*Transactional Analysis Counselling in Action*, Sage, 1989）兩書的作者，並與 Vann S. Joines 合著《人際溝通分析練習法》（*TA Today*, Lifespace, 1987）（中文版由張老師文化出版，1999）。Ian Stewart 擁有國際交流分析協會（ITAA）與歐洲交流分析協會（EATA）認證的教育與督導交流分析師（Clinical Teaching and Supervising Transactional Analyst）資格。

DEVELOPING

TRANSACTIONAL

ANALYSIS

COUNSELLING

江原麟

　　國立陽明大學醫學院醫學系畢業，目前在長庚大學行為科學研究所臨床心理組進修。江醫師曾於嘉義基督教醫院擔任內科住院醫師，於台北市立療養院精神科完成住院醫師訓練，為合格之精神科專科醫師；現任長庚醫院基隆分院精神科專任主治醫師，與長庚醫院台北分院精神科兼任主治醫師。江醫師與交流分析的淵源包括專業與行政事務兩方面：在專業訓練方面，已完成 101 基礎課程、202 進階課程，以及督導課程，目前則接受執照考試之督導課程；在行政事務方面，則曾經擔任中華溝通分析協會常務監事與協會理事長，目前擔任常務理事。在心理衛生的專業領域上，主要的興趣與專長包括司法精神醫學與心理治療。心理治療方面專注的主題為情緒障礙、人際關係與人格發展等領域；治療採折衷取向，綜合運用精神分析、人本與存在取向（包括交流分析）、認知行為等理論與技術。曾參與《中西醫會診──憂鬱症》（書泉文化出版社，2000 年 11 月出版）一書寫作，並完成交流分析之譯作：《交流分析諮商》（心理出版社，2004 年 11 月出版）、《教室裡的行為管理──交流分析（溝通分析）之應用》（心理出版社，2006 年 12 月出版），以及《教室裡的行為改善與自尊提升──交流分析（溝通分析）應用之實用指南》（心理出版社，2007 年 11 月出版）等。

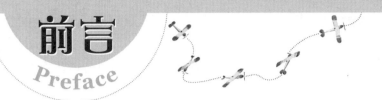

前言
Preface

在本書中我將提供三十項實用的建議，協助你發展應用交流分析的效能。

我假設你已經了解交流分析的基本概念，並想要在交流分析之諮商與心理治療的應用上，拓展自己的技術。我也假設你已經在治療個案，或者正在積極接受訓練，準備從事這項工作。

即使你目前的工作是採用其他理論取向為主，然而你也可以發現構成本書核心模型的交流分析理論，仍有許多可以立刻加以應用的部分。第二部當中的「訂定契約」一篇，便提供了在任何形式的治療工作中，都可用來促進契約工作的方法。同樣是在第二部當中的「運用歷程模型」一篇，則提供了有關於個案評估與治療計畫十分有效的理論系統；不論是應用在交流分析，或者其他取向的治療工作，都可發揮同等的效果。

本書中的新資訊

本諮商發展系列叢書的主編（按：本書原作即為此系列之一），曾為系列叢書的作者群進行簡報，特別建議我們考慮諮商新手的需求。因此我將焦點專注於協助讀者「避免重蹈覆轍」。牢記此一前提，我開始著手三十項建議的選擇，同時感到些許的憂慮，擔心我可能蕭規曹隨，用了一些老古板的智慧，草草地寫完了這本書。

　　然而，當完成了這本書的計畫時，我感到相當訝異，我發現所選的三十項主題並非標準或普通的素材，大部分主題反而都相當新穎。第二部之中大部分的題材，似乎都是首度以書籍形式呈現。其中某些主題內容未曾出版發行，有些主題則只在交流分析專業期刊中曾經出現過。其他的理論雖然在「神經語言程式學」（neurolinguistic programming, NLP）中已有完整的發展，然而至今仍未被應用到交流分析的工作當中。

　　我主要是想寫作新穎的題材，而最後內容竟然是「常見的錯誤」，這一點起初的確讓我覺得相當詭異。但在更進一步地思考之後，我終於明白這一點都不弔詭。為何某些錯誤會成為「常見的錯誤」呢？那是因為目前可供參考的資料，仍很少能夠提供有效的指導，可用來避免這些錯誤。

　　你會發現本書是截至目前為止，唯一將**歷程模型**（Process Model）（第 17 至 24 章）應用到諮商與心理治療的書籍[1]。運用時間架構（time-frames）與動詞時態（verb tenses）（第 2、27 與 28 章）的建議，在交流分析文獻中乃屬創新題材。本書有關建立契約的大部分內容（第 9 至第 16 章）也是第一次付梓出版。還有其他的內容，包括：**成果矩陣模型**（Outcome Matrix model）、**行動契約**（action contract）與**成果契約**（outcome contract）（第 9 章）的差異，以及**可完成的契約**（finishable contract）（第 12 章）等概念。

1　目前有關歷程模型可供非臨床工作者參考的資料是 Taibi Kahler 的著作 *The Mastery of Management*，由 Kahler Communications 公司出版發行。Kahler 早期出版的小手冊 *Managing with the Process Communication Model*（1979a）、*Process Therapy in Brief*（1979b）以及 *Transactional Analysis Revisited*（1978）目前都已絕版了。

與《實用交流分析諮商》一書間的關聯

　　《實用交流分析諮商》（*Transactional Analysis Counselling in Action*）是我在 1989 年的著作，由 Sage 出版社出版發行。它也是一本實用的指導手冊，說明如何在諮商與心理治療工作中，應用交流分析的理論與技術。在為本書挑選三十項建議時，我採取的原則是避免重複《實用交流分析諮商》書中的內容。我將本書規畫為不僅可以作為前一本書的補充，也仍可以獨立作為一本實用指引。

　　在《實用交流分析諮商》一書中，我特別把焦點放在三種交流分析模型的運用上：腳本矩陣（script matrix）、漠視矩陣（Discount Matrix），以及扭曲系統（Racket System）。同時，也加上我自己建構的治療計畫模型。

　　於是，我在本書的寫作便將重點放在其他的模型。我特別將前冊中因版面不足而割愛的歷程模型部分，利用完整的篇幅加以論述。這兩本書包含某些重複的主題，這是因為我想利用本書來多加說明，延展我所關切的某些主題之實用價值。

　　因此，本書與《實用交流分析諮商》一書具備同等價值。我期望你可以一起閱讀這兩本書，並將因此有所收穫。同時，你也可以單獨閱讀其中任何一本，而仍不失其實用性。

「諮商」與「心理治療」

　　各個組織有不同的方法，就「諮商」與「心理治療」的差異進行定義。我在本書中，將會隨著自己一般的執業方式，把「諮商」與「心理治療」的差異，視為個人的選擇。不論過程究竟該稱為「諮商」或者「心理治療」，這裡所做的種種建議，不過只是

運用交流分析全部的方法來幫助個人得到改變罷了。縱貫全書的內容，我都只會用廣義的「諮商」這個名詞。

當使用「治療」（therapeutic）一詞時，我的意思指的是這個詞通俗性「治癒」（curative）的意義。不論在諮商或者心理治療中，也都可以找到「治癒」這個概念。

代名詞、性別與姓名

作者我 —— Ian Stewart，在書中以「我」這個代名詞代表。執行業務的你，就以「你」這個代名詞代表。個案與其他一般人就隨機地以「他」或「她」來代表。用來闡釋三十項建議的案例中，所有個案的姓名都是虛構的。

感謝與致意

首先，我要對 Taibi Kahler 的慷慨表達感謝。他所提出的**歷程模型**，提供了本書第 5 篇全部內容（第 17 至 24 章）的基礎。在徵求 Taibi Kahler 同意我完整地節錄他的作品時，他不僅欣然同意，並寄來詳盡的筆記，說明了他最近的想法。

也要感謝我的長期夥伴，同時也是伯恩學院（The Berne Institute）的研究督導 Adrienne Lee。她跟我合作設計了許多的工作坊與訓練課程，因此我現在都很難區分書中的概念，究竟有哪些是她的創意，哪些則是我自己的構想。我要特別感謝她，因為簡式腳本問卷（第 6 章）中的絕大部分內容，都是她所開發的。

我也十分感謝伯恩學院的畢業生與學生，因為他們提供了許多的構想和建議。尤其是 Diane Beechcroft、Steve Dennis 與 Maureen Lynch，為本書提供了一些實用的建議。

　　每次我主持訓練課程、進行督導或者工作坊，都會從受訓學員、接受督導的學生，或者聽眾身上學到許多新事物。感謝他們所有的人對我的指教。透過我寫作的這本書，將他們的智慧與你們分享。

Ian Stewart

譯者序
Preface

　　初次接觸交流分析（溝通分析）是在 1997 年，至今已超過十年的時間，由基礎課程到進階課程，歷經了難以言喻的成長歷程。學習交流分析的理論與技術，著實對我在心理衛生臨床與教學工作上有著無可限量的助益。2001 至 2004 年間，我曾經擔任中華溝通分析協會（http://www.ttaa.tw）理事長一職，當時有機會親身接觸交流分析在台推廣的事務性工作，深刻地體會缺乏中文文獻所導致的語言鴻溝，降低了國內學生學習交流分析的動機與學習的成效。當時在一股熱情與責任感的驅使之下，決定在諮商心理治療與教育輔導兩個領域當中，選擇兩本交流分析的實用書籍，進行翻譯的工作，同時並獲得心理出版社的支持，協助版權取得、翻譯、校對與出版發行的事宜。

　　2004 年底，此計畫的第一本翻譯著作《交流分析諮商》順利出版發行，緊接著在 2006 年與 2007 年分別有《教室裡的行為管理——交流分析（溝通分析）之應用》與《教室裡的行為改善與自尊提升——交流分析（溝通分析）應用之實用指南》兩本教育輔導領域的譯作出版。在計畫執行的第四年即 2008 年，很高興最後一本譯作《交流分析諮商能力發展》一書即將順利出版，而我終於可以放下心頭的重擔，輕盈地開步走向另外一段旅程。期望這四本中文譯書確實可以實踐當時的初衷，有助於交流分析在華文世界的發展，也有利於使用中文者的學習。同時期望接下來的我，不再只是致力於精準地翻譯別人的思想，而是可以使用自己的文

字語言，表達自己對交流分析的認知、理解與應用的心得。祝福
本書的讀者，期望您在交流分析應用的道路上日起有功，後會有
期！

江原麟　台灣・基隆　2008.6
Transactional Analyst in Training
部落格網址 http://tw.myblog.yahoo.com/chiang-yuanlin

交流分析的原則

第1部

交流分析
諮商能力發展

第1篇

交流分析的理論綱要

本書首篇所設定的目標，在於提供交流分析（TA）理論的輪 廓。我假設你已經具備交流分析概念的實務知識，並且只會將這 段簡介，視為簡短的備忘錄。在第 1 部的結尾，我會列出某些有 關交流分析理論與實踐的參考資料，供你做深入的閱讀。

交流分析理論的結構

Eric Berne（1961, 1966, 1972）依序建構了交流分析的四部理 論，每一部分的理論都以先前發展的理論作為基礎。這四部理論 包含：

- 結構分析（自我狀態模型）〔（structural analysis（the ego-state model））〕；
- 交流分析（analysis of transactions）；
- 遊戲與扭曲分析（game and racket analysis）；
- 腳本分析（script analysis）。

3

在本篇理論綱要當中，我會先由這四部 Berne 所提出的理論開始依序介紹。然後再概括地描述 Berne 過世後至今，在另外三個領域上已經成熟發展的理論，包括：

- 驅力與歷程模型（drivers and the Process Model）；
- 癥結與再決定（impasses and redecisions）；
- 漠視與再定義（discounting and redefining）。

第 1 節　自我狀態模型

Berne（1966: 364）定義**自我狀態**為「直接與相應之行為有關，某種始終一致的感覺與經驗模式」。雖然 Berne 並未使用「思考」這個詞彙，然而我們可以很清楚地從他的著作中了解，他認為思考也是屬於「經驗」的一部分。

換句話說，自我狀態就是一組始終相關的行為、思考與感覺。這是個體在任何時刻下，一種經驗自己與所處世界的方式；同時，經驗也會顯露於外地表現在行為舉止上。Berne 的模型將自我狀態化約為三種型態，並使用通俗的詞彙分別稱之為**父母**（Parent）、**成人**（Adult）與**兒童**（Child）。

有時候人們可能未經深思熟慮，直接向父母中的某人或者對他而言具有父母形象的人，「借用」了他們的行為、思考與感覺模式。當他這麼做的時候，便稱之為處於**父母**自我狀態。

有時某人的行為、思考與感覺方式可能會退化，表現得與自己還是個小孩時一樣，於是，他就是處於所謂的**兒童**自我狀態。

如果一個人的行為、思考以及感覺，乃是運用身為成年人所擁有的一切資源，對當下發生在身邊的事物所做出的回應，那麼，他就被稱為處於**成人**自我狀態。

中文粗體字型（英文第一個字母大寫字體 P、A、C）是用來標明我們正在指涉**父母**、**成人**與**兒童**自我狀態的一種符號。如果用的是明體字型（英文第一個字母為小寫字體 p、a、c）則顯示我們指的是真實生活當中的父母、成人或兒童的角色。

傳統上，會將各個自我狀態的第一個英文字母，標示在直立堆疊的三個圓圈當中，作為這三種自我狀態的圖形符號。例如圖I.1 所顯示。

當我們使用自我狀態模型來了解人格的不同層面，就是所謂的**結構分析**。這種模型也稱之為**結構模型**（structural model）。

千萬要記得，「處於**兒童**自我狀態」並非單純地意謂「像個小孩似的」。而是指個體正在重演**自己童年**的某個時期，曾經首度經驗過的思考、感覺與行為。

同樣地，所謂「處在**父母**自我狀態」也並非單純地意謂「像父母一般」。它是指個體正在使用兒童時期不假思索地，從**自己的**雙親或具有父母形象的人身上模仿來的思考、感覺與行為。

第二與第三階層的結構分析

有時候在結構分析當中，可以將父母或兒童自我狀態，進一步地做次級結構的分析。根據所延伸之次級分類的精細程度，可以稱之為第二階層分析，或者第三階層分析。

在**父母**結構中的第二階層分析，包括區分個案所內化的各個父母形象之個體，並且繪製每位父母形象者之**父母**、**成人**與**兒童**自我狀態。

在**兒童**結構中的第二階層分析，根據個體實際上仍是個兒童時，所呈現的問題，以父母、成人與兒童自我狀態等名詞，將每個**兒童**自我狀態加以分析歸類。例如，假設我退化而處於六歲時的**兒童**自我狀態。當我實際上是一個六歲的小孩時，我已經有相

6

5

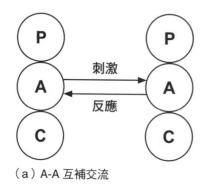

（a）A-A 互補交流

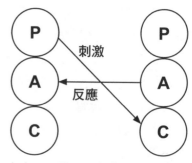

（d）P-C 與 A-A 交錯交流

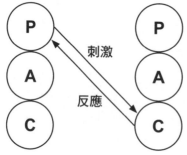

（b）P-C 與 C-P 互補交流

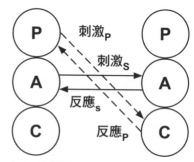

（e）雙重隱藏交流：
　　社交層面 A-A 與 A-A；
　　心理層面 P-C 與 C-P

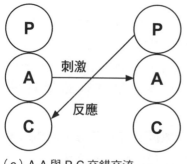

（c）A-A 與 P-C 交錯交流

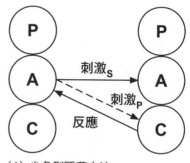

（f）尖角型隱藏交流

圖 I.1　交流的型態

6

應於該年齡之兒童的父母、成人與兒童自我狀態。對我六歲時的**兒童**自我狀態，進行第二階層的結構分析，可以繪製出這些仍可能在成人時期經驗與表達，然而卻符合該年齡發展階段的自我狀態。

第三階層分析，則是進一步針對另一個階段，重複同樣的分析。例如，可能需要針對構成六歲時的我，當時更為年幼的父母、成人與兒童自我狀態做分析。

第 ② 節　交流

如果我正在與你溝通，我可能是由三類自我狀態：父母、成人或兒童，任何一種狀態與你對話。理論上來說，我也可以「瞄準」你我之間的溝通，讓你由父母、成人或兒童中任何一種自我狀態來接收訊息。你擁有相同組合的選擇可以回應我。這種溝通的交換過程稱之為**交流**（Berne, 1966: 223-7; 1972: 20）。

圖 I.1 顯示交流的案例。技術上將圖形中的箭頭符號稱之為**向量符號**（vectors），它們顯示每段溝通的起源與「目標」。

在**互補交流**（complementary transaction）（例如：圖 I.1a 與 I.1b）當中，向量符號彼此平行；同時，對話指向的自我狀態也是回應的自我狀態。在這種溝通當中，彼此都有輕鬆與可預期的感受，而且彼此的訊息交換可以無限地持續。

交錯交流（cross transaction）中的向量符號彼此不平行，或說是對話指向的自我狀態，不同於回應的自我狀態（例如：圖 I.1c 與 I.1d）。當交流交錯時，溝通就中斷了，而且可能會有些不同的事情接著發生。

在**隱藏交流**（ulterior transaction）（例如：圖 I.1e 與 I.1f）當中，同時間裡有兩種訊息的傳遞。**社交層面**（social-level）的訊息

是溝通表面上「假裝的意思」，用實線的向量符號來表示。**心理層面**（psychological-level）的訊息則是溝通中所傳遞的真實意義，用虛線的向量符號來表示。

當社交層面與心理層面的訊息彼此矛盾時，稱此溝通的特性為**不一致**（incongruity）。在這種案例當中，溝通的行為結果乃取決於心理層面，而非社交層面（Berne, 1966: 227）。

運用自我狀態的結構模型來分析交流的序列，通常稱之為**分析交流**（transactional analysis proper）。加上"proper"這個字，是要特別顯示我們正在談論交流分析中的部分理論，而非交流分析的全部。

每當我與他人交流時，我表達對他的認同，他也回應相對的認同。在交流分析的理論中，任何顯示認同的行動都稱之為**安撫**（stroke）。人們需要認同來維持生理與心理的福祉。如果一個人並未得到足夠數量的**正向**（也就是快樂的）安撫，他可能會不知不覺地依循「任何安撫都比沒有安撫來得好」這項原則，回復使用童年時期的策略，來獲得**負向**（痛苦的）安撫。

第 ③ 節　遊戲與扭曲

人們在童年時期，可能會注意到在自己的家庭裡，有某些感受是被鼓勵的，而其他的感覺則是遭到禁止的。人們為了得到所需的安撫，於是決定只感受被允許的部分。這項決定是在缺乏有意識的覺察下所完成的。即使已經長大成人，人們仍可能在偶然間，持續地用著童年時被允許的感覺，掩飾自己真實的感受。在交流分析的理論中，這種替代性的感覺稱之為**扭曲感覺**（racket feelings）（English, 1971, 1972）。

交流分析理論認為有四種真實的情緒。以傳統的口語語言來說，就是憤怒（mad）、哀傷（sad）、驚恐（scared）及喜悅（glad）（這裡的 "mad" 是美式用法，相當於 "angry"）。然而，這四種情緒並非總是真實發生的，也有可能會有憤怒、哀傷、驚恐或者喜悅的扭曲感覺。

人們可能會使用行為的刻板序列來「驗證」經歷的扭曲感覺（例如：習慣性地遺失車鑰匙並感到焦慮不安）。這些行為模式稱之為**非法勾當**（rackets）。

遊戲（game）則是某種重複的交流序列，使得雙方都以經驗到扭曲感覺作為結局。它常常包含了玩家雙方突然變換角色時的**轉折**（switch）（Berne, 1972）。遊戲的玩家並未覺察自己的所作所為。

第（4）節　腳本

Eric Berne（1972）表示，每個人在童年時期便為自己寫下了生命的故事。故事內容會有序幕、中場與結局。人們在還是嬰兒，年紀都還沒大到會講幾句話的時候，便寫下的生命故事的基本藍圖。接著在兒童時期，他將十分具特色地增添故事內容的細節，並很可能在七歲以前，便完成了生命故事的主要藍圖。故事所附帶的種種細節，可能會在青少年時進行修訂，或者更為精心地製作。

在成人的生活裡，人們通常不再有意識地覺察已經為自己寫好的生命故事。然而，特別是在某些壓力的情況下，可能經常地演出故事。在不知不覺的情況下，人們可能在生命中創造了相

8

繼的事件，因此可以邁向嬰兒時期所決定的結局。這場前意識
（preconscious）的生命故事，在交流分析的理論中，稱之為**生命腳
本**（life-script）或簡稱為**腳本**（script）。

　　腳本的概念與自我狀態模型，同屬交流分析理論的核心基
礎。**腳本分析**（script analysis）乃意指運用不同的步驟，協助個體
揭露建構其腳本的前意識素材。

　　Berne（1972: 84）表示腳本起源於四種定位（positions）之
一。在發展階段的早期還是個兒童時便已認定了這些定位，它們
是對自己與他人所存在的這個世界，根深蒂固難以動搖的信念。
這四種定位〔現今經常稱之為生命定位（life positions）〕如下所
示：

- 我好，你也好（I'm OK, you're OK）；
- 我好，你不好（I'm OK, you're not-OK）；
- 我不好，你好（I'm not-OK, you're OK）；
- 我不好，你也不好（I'm not-OK, you're not-OK）。

　　腳本矩陣（script matrix）（Steiner, 1966, 1974）是顯示父母
如何將**腳本訊息**（script messages）傳遞給小孩的模型。圖 I.2 顯
示一幅空白的腳本矩陣。由父母的**父母**傳遞到兒童**父母**自我的訊
息稱之為**對立禁令**（counterinjunctions）。組成這些訊息的典型成
分，包含副詞「應該」（oughts and shoulds）、父母的價值判斷，以
及對小孩該做些什麼與不該做些什麼的口語命令。對立禁令是兒
童在具備良好語言能力發展的童年晚期所接收到的訊息。

　　由父母的**成人**所傳遞的腳本訊息，停駐在兒童的**成人**自我，
稱之為**程式訊息**（program messages），並且典型地以「這要怎麼
做才好……」（Here's how to...）的語句開啟此類型訊息。

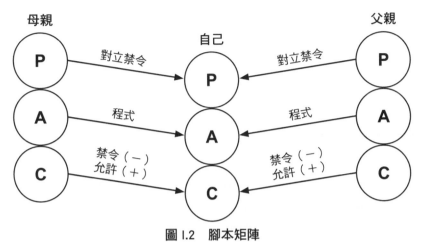

圖 I.2　腳本矩陣

（資料來源：Stewart & Joines, 1987: 129）

　　由父母的**兒童**傳遞，被兒童的**兒童**自我所接收的訊息，如果具有負面與局限性的特質〔例如：**不要存在**（Don't Exist），**不要做你自己**（Don't Be You）〕，稱之為**禁令**（injunctions），如果他們給予兒童正向的選擇〔例如：**存在是好的**（It's OK to Exist），**做你自己是好的**（It's OK to Be You）〕，這種訊息稱為**允許**（permissions）。典型的情況是兒童在童年早期，尚未擁有足夠的語言控制能力時，便接收了這些**兒童**訊息。雖然在稍後會受到語言型式的訊息增強，但是剛開始的時候，父母是以非語言的型式傳遞這些訊息。禁令起源於父母未獲滿足的**兒童**需求，但父母總是在不知不覺的情況下，將此訊息傳遞給小孩。

　　Mary 與 Robert Goulding（1979: 34-9）列舉屢次出現在腳本分析中的十二項禁令。如下所示：

■ **不要存在**（Don't Exist）

9

- 不要做你自己（Don't Be You），有時候是「不要接受你的性別」（Don't Be the Sex You Are）
- 不要像個孩子（Don't Be a Child），或是不要享樂（Don't Enjoy）
- 不要長大（Don't Grow Up），或是不要離開我（Don't Leave Me）
- 不要做到（Don't Make It），或是「不要成功」（Don't Succeed）
- 不要（Don't），也就是什麼都不要做（Don't Do Anything）
- 不要看重自己（Don't Be Important）
- 不要有所歸屬（Don't Belong）
- 不要親近（Don't Be Close）
- 不要健康（Don't Be Well），或是不要神智清醒（Don't Be Sane）
- 不要思考（Don't Think）
- 不要感覺（Don't Feel）

父母傳遞的訊息，雖無法使得兒童發展出特定的腳本，但是的確對腳本的形成施加了強而有力的影響。最後要分析的是兒童究竟決定要遵循何種訊息。具備推理與現實測試能力的小小孩，便已經做成了**早期決定**（early decisions）。

腳本演出（scripty）這名詞，經常用來描述人們演出腳本時，所呈現的行為、信念與感覺。

第 5 節　驅力與歷程模型

Kahler（1974, 1979b）的作品內容，表示對立腳本中有五種訊息對腳本的**歷程**有關鍵的意義 —— 也就是有關腳本「如何」在

10

時間過程中演出的議題。一旦個體聽到內在對話中任何一項**驅力訊息**（driver messages），他將會外顯地演出一小段附屬於驅力訊息的特殊行為模式。這些「行為組合」（behaviour packages）每次通常持續約半秒鐘，稱之為**驅力行為**（driver behaviours）。

Kahler 遵循交流分析的傳統，使用通俗語言來標明這五項驅力。他稱之為**要完美**（Be Perfect）、**要堅強**（Be Strong）、**努力嘗試**（Try Hard）、**討好你**（Please You）、**要趕快**（Hurry Up）。

驅力行為與文化、語言、年齡層、教育背景或其他有關人格的特徵，並無特定的關聯。已有些證據顯示，具備不同文化背景的個體，可能會表現出相對不同程度的五種驅力行為；然而是在不同時間裡，分別表現所有的五種驅力行為。除了這五種驅力行為之外，並未發現其他種類的驅力行為。

有幾個原因使得驅力行為相當具有指標意義。首先，它們似乎是「進入腳本的通道」。在一個人即將要演出腳本行為，或者經驗扭曲感覺之前，他總是會表現出某種驅力行為。驅力行為是一種外在的指標，顯示一個人正在重演內在特殊的腳本信念。我將會在第 5 篇第 17 章，詳加說明相關的應用。

其次，對驅力的觀察是種關鍵的方法，可以快速並且有效地診斷腳本中許多其他的領域，這是被稱為**歷程模型診斷系統**的基礎（Kahler, 1979b; Ware, 1983）。我將會在第 2 部的第 5 篇（第 17 章至 24 章）對此詳加描述說明。

腳本歷程

雖然可以區分為許多不同類別的腳本訊息，但是每個人腳本的詳細**內容**（content）依然獨一無二（請參考前文有關「腳本」的章節）。相對地，**腳本歷程**（script process）似乎只有少許的幾

11　種模式（根據引用資料的不同，有六種或七種）。基於某些尚未能全然被理解的因素，這些模式的一致性似乎也是跨越了文化界線。

　　個體的歷程腳本型態與其驅力行為息息相關。我會在第 5 篇第 20 章裡，更為完整地討論歷程腳本，以及它們與驅力之間的關係。

第 6 節　　癥結與再決定

　　交流分析的**再決定學派**（redecision school），結合了交流分析的理論架構以及完型治療的技巧（Goulding & Goulding, 1978, 1979）。再決定處置的核心觀念就是所謂的**癥結**（impasse）—— 一個「卡住的地方」，個體在其中經驗兩股矛盾的動力，卻又不採取任何一方的行動，同時耗費了巨大的能量來維持這種僵局。

　　完型治療的創始者 Fritz Perls，描述癥結的特徵為「贏家與輸家」（topdog and underdog）間的內在鬥爭（Perls, 1971）。Robert Goulding 與 Mary Goulding 夫婦兩人以交流分析的語言架構 Perls 的概念，並指出這種內在鬥爭，就是在兩組不同自我狀態間的爭鬥。於是，個體可能會經驗某種衝突，在內在父母驅策的聲音「努力工作！」與兒童回應「我不要！」之間彼此矛盾。

　　在 Goulding 自我改變的模型當中，強調腳本中的**決定**性質。他的假設是：由於兒童做了腳本的早期決定，因此處在兒童自我狀態的個體，可以在當下做最強而有力的改變。這種在兒童自我狀態下的新決定，稱之為**再決定**（redecision）。

第 **7** 節　重新定義與漠視

　　小小孩決定了生命腳本，因為在這似乎經常存在著敵意的世界裡，它是兒童為了生存與滿足需求，所能夠創造出的最佳策略。當一個人正處在**兒童**自我狀態時，任何對他嬰兒形象世界的威脅，都可能成為對他的需求滿足、甚至是生存的一種威脅。因此，他有時候可能會扭曲對現實的知覺，用以適應其腳本。當一個人這麼做的時候，就被稱之為正在**重新定義**（redefining）（Mellor & Sigmund, 1975b）。

　　任何時刻，一個人對這世界全部的知覺 —— 包括他所重新定義的層面，與那些並未被重新定義的這兩部分 —— 被稱之為**參考架構**（frame of reference）（Schiff et al., 1975）。

　　人們用來確保這世界看似符合其腳本的一種方法，就是將有關某種處境的資訊選擇性地忽略。在缺乏有意識的關注之下，他遮蔽了該處境當中違背其腳本的部分。這就是所謂的**漠視**（discounting）（Mellor & Sigmund, 1975a）。

　　成人為了維持自己的腳本，部分方式可能是在某些時候進入一種關係當中，重演還是小孩時與父母親之間的關係模式。這會在缺乏有意識地覺察的情況下進行。在這種情況下，關係中的一方可能扮演**父母**與**成人**的部分，另一方則扮演**兒童**。於是在這兩個人彼此間，表現出好像只有三種而非六種自我狀態的存在。於是，兩方都漠視他們可供選擇的一些自我狀態。類似這種關係稱之為**共生**（symbiosis）（Schiff et al., 1975）。

　　這些概念形成了現今交流分析**灌注**（Cathexis）〔或**席芙**（Schiffian）〕學派的理論與實務基礎。

12

第2篇

∘◦✷ 交流分析的治療原則 ✷◦∘

第 8 節　治療哲學

13

交流分析治療的哲學基於三項假設，如下所示：

- 人是 OK 的；
- 每個人都有思考能力；
- 人們決定自己的命運，而且這些決定是可以改變的。

根據以上的假設，而有下列兩項交流分析實務的基本原則：

- 契約性方法；
- 開放性溝通。

契約性方法在交流分析實務工作中，扮演極為重要的角色，
以下我將分別在兩個不同的段落中加以討論。

🍂 人是 OK 的

意思是每個人都有其本質上的價值與尊嚴。這段話是就本質上的敘述,而非指涉行為層面,而且此一事實的存在,無關於種族、年齡、性別、宗教或其他任何個體的特徵。

🍂 每個人都有思考能力

每個人都具有能力思考,除非是嚴重的腦傷例外。因此,決定要從生命過程中獲得些什麼,是我們每個人自己的責任。每位個體終究會體驗自己決定的後果。

🍂 決定性模式

交流分析認為一個人在涉入腳本行為的時候,便追隨童年早期所**決定**的策略。兒童並不是受到父母親或者「環境」特定性的影響,被動地感受或採取行動。交流分析認為相同的情況也會發生在成人身上。他人或生活環境可能對我們產生巨大的壓力,然而是否順應這些壓力總是我們自己的決定。於是個體本身被認為要為所有的感受與行為**負起責任**。

由於個體要為自己的腳本決定負責,因此他可以接著改變任何一項決定。如果嬰兒式的任何決定導致不愉快的成年生活,他便可以追溯這些失功能的決定,加以改變與更新,做更恰當的抉擇。

因此,交流分析相當篤定地認為個體可以改變。個體不僅透過對過去行為模式的「洞察」,也藉由決心改變這些模式,並且積極地採取行動來達成改變。

14

開放性溝通

Eric Berne 堅持個案與治療師一樣，對發生在合作關係中的任何事情，都應該擁有全部的資訊。這項原則乃是遵循「人是 OK 的」與「每個人都可以思考」的基本假設。

交流分析的實務工作中，會談紀錄是可以開放給個案檢視的；治療師可以經常鼓勵個案學習交流分析的概念。這種方法引導個案在改變的歷程當中，扮演與實務工作者同等的角色。

第 ⑨ 節 　契約性方法

交流分析實務工作者認為，自己與個案雙方需要**共同負責**（joint responsibility），合作完成個案所期待的改變。這項觀點乃遵循諮商師與個案間關係平等的假設。諮商師的任務不是要為個案做些什麼事，個案也不可能期待諮商師為他完成所有的事情。

由於雙方在改變的歷程中平等地分擔責任，因此重點是彼此都要清楚了解如何分配任務，於是他們有了**契約**（contract）。Eric Berne 將契約定義為：「就清楚定義的行動歷程，達成之明確的雙邊承諾。」（Berne, 1966: 362）

Claude Steiner（1974）指出健全的契約建立有四項要件。這幾項要件已經廣為交流分析師所接受，包括：

1. **彼此的同意**（mutual consent）：諮商師與個案必須明確地同意契約的條款。

2. **有效的考量**（valid consideration）：個案需要就諮商師所提供的服務，給予某些彼此同意的酬勞。通常會是財物性質的報酬，但也可能有其他形式的酬勞。

15

3. **勝任的能力**（competency）：諮商師必須具備技術，提供所約定的服務；個案也需要具有接受諮商的資格，例如，他必須具備足夠的成人自我功能，可以了解並同意諮商歷程所進行的工作內涵。

4. **合法的目的**（lawful object）：契約中所達成的種種同意事項必須是合法的，並且需要符合專業與倫理的規範。

　　整體性契約（overall contract）此一名詞乃用來描述個案主要的長期契約，這部分的目的經常是為了關鍵性的腳本改變。個案與諮商師很可能會為了幾次的治療性會談，或者是整個諮商的過程，訂定整體性契約。**單次會談契約**（session contract）顧名思義，是在單一會談中所訂定的契約，甚或是為了某次會談中部分時段所訂的契約。（作業）選派〔(working) assignment〕則是指個案將在兩次會談時段間執行的某些活動契約。

　　在第 2 部的第 4 篇（第 9 至 16 章）當中，我將會詳細地討論契約訂定的技巧。

第⑩節　治療方向

　　交流分析是種促成個人改變的行動派方法。交流分析實務工作者認為「諮商關係」並不必然帶來所期待的改變，反而是，諮商師發展出對個案問題的分析，並就個案所要做的改變達成共識。諮商師於是有計畫地積極介入，並運用結構化的態度幫助個案達成這些改變。這種計畫性的介入過程，可以用*治療方向*（treatment direction）這個名詞概括地描述。

　　我曾經將治療方向定義為：「為促進個案達成約定的治療契約，以諮商師對個案的診斷作為指引，並在充分告知的前提下，就介入方法所做的一種選擇。」（Stewart, 1989: 9）

　　在契約、診斷與治療方向之間，有種持續性的三方互動。例如，因為你對個案有了更深入的了解，或者個案已經在治療過程中有了改變，於是你可能修正對個案的診斷。改變後的診斷可能導致得要重新協商契約內容；同時，新的診斷與契約將使你需要重新思考選擇何種治療性介入。圖 I.3，我稱之為「**治療三角**」（Treatment Triangle），描繪出這種持續性的三方互動。

16

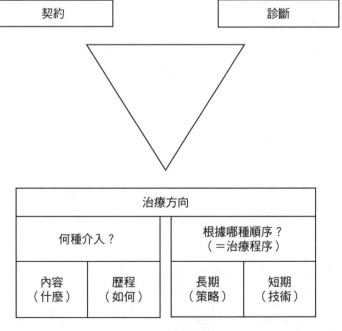

圖 I.3　治療三角

（資料來源：Guichard, 1987, with modifications by present author）

第⑪節　三個 P：允許、保護與能力

　　Crossman（1966）指出，治療師關鍵的功能在於給予個案**允許**（permission），來對抗「個案腦海中」父母自我偏執的要求。Crossman 表示，要達成這項目標，治療師需要說服個案，讓他相信自己擁有比內在父母更強大的**能力**（potency）。同時，治療師需要提供個案適當的**保護**（protection），至少需要在個案自己發展出足夠的保護能力之前，避免個案受到內在父母的懲罰。現在這三部曲——允許、保護與能力——經常在交流分析文獻中被簡稱為「三個 P」（3 Ps'）。

　　交流分析再決定學派的臨床工作者認為 Crossman 的觀點之「給予允許」並不重要，他們反而認為是個案自己**取得允許**以對抗腳本。他們辯稱是個案而非治療師擁有改變的能力。

　　不論如何，所有學派的交流分析師都會同意，確實地保護個案是相當核心的重點。以實務的角度來說，包括設置維護身體安全的環境、確保隱私，以及運用有效的醫療與精神科轉介系統。保護的另一項關鍵要素在於防範以下三種悲劇腳本的結局：自殺、殺人或發瘋。這個目標得要透過引導個案「封閉逃生艙」（close escape hatches）來達成——也就是無條件地永遠放棄這三種結局（參見以下內容及第 7 章）。

第⑫節　封閉逃生艙

　　交流分析治療中一項相當具有特色的手法稱為**封閉逃生艙**（Drye et al., 1973; Holloway, 1973; Boyd & Cowles-Boyd, 1980; Stewart, 1989: 81-92）。封閉逃生艙就是要個案做出無條件的決

定，聲明自己在任何情況下絕對不會自殺或自傷、殺人或傷人，或者是發瘋。此項行動並非對諮商師的**承諾**，而是個案為自己所做的決定。諮商師的任務在於安排此項程序，並作為見證者，把任何不一致的訊息回饋給個案。

封閉逃生艙有兩項目的：首先，它可以提供實用的保護，防範自殺、殺人或發瘋等悲劇結局的發生；其次，它可以促進脫離腳本的行動。腳本分析的經驗指出，許多人的腳本走向三種悲劇結局中的某種**腳本結局**（script payoff）。在這些案例當中，兒童早期決定的形式是：「如果問題夠嚴重，我總是可以……（殺了我自己、殺了別人或發瘋）」。藉由封閉逃生艙的行動，個案做了一項成人的決定，遠離這些結局。這對精神內在的影響是瓦解了腳本的整體結構，使得治療進展更為容易。這種治療性的變動，有時可能附帶某些代價，使個案暫時感到不適。

第 ⑬ 節　面質

這是交流分析方法的一項原理，諮商師的任務即是**面質**（confront）個案的腳本。「面質」這個名詞在這裡並非意味使用攻擊性或者嚴厲的介入方法。它的意思簡單地說就是：諮商師引導個案以當下現實為基礎，測試其腳本信念的**任何行動**。

第 ⑭ 節　「痊癒」的觀念

Eric Berne 強調，嚴格來說交流分析治療的目標並非獲得「領悟」（insight）或者有所「進展」（progression），而是**痊癒**

（cure）。雖然絕大部分當代的交流分析師都同意 Berne 的看法，認同痊癒是治療的目標，但是他們對於何謂痊癒有不同的觀點。有些人單純地將完成個案與諮商師間的治療契約與痊癒畫上等號。

Berne 本人（1961: 160-75; 1972: 362-4）認為痊癒並非一蹴可及，而是一種漸進的過程，需要經歷四個階段：

- 社會控制（social control）；
- 症狀緩解（symptomatic relief）；
- 轉移關係痊癒（transference cure）；
- 腳本痊癒（script cure）。

在第一個階段**社會控制**當中，個案可能對於需要前來接受諮商仍感到不適與麻煩，但是已經變得可以控制自己與別人互動關係中失功能的行為。進入到**症狀緩解**的階段，個案也已經體驗到主觀不適，例如焦慮、憂鬱或者困惑等症狀的改善。在**轉移關係痊癒**的階段，只要個案能夠以語言形式或在腦海中「讓治療師在身旁」，他便已經可以與腳本保持距離。最後在**腳本痊癒**的階段，個案所擁有的成人自我狀態取代治療師的內在精神角色，使得個案有可能「在路途上演出一齣新戲碼」。這意味個案本質上已經永遠脫離了腳本，可以自由地思考、感覺與行為。

採用再決定取向（參見以上內容）的交流分析師，比較喜歡將再決定視為痊癒的最後一個階段。他們也看淡轉移關係痊癒的重要，因為再決定學派臨床工作者的目標在於經歷整個治療過程，屏除投射到治療者身上的轉移關係（Goulding & Goulding, 1979: 49）。

自主

Eric Berne 提出另一種建構痊癒意義的方法，指出個體改變的目標即所謂**自主**（autonomy）的概念。他並沒有為自主下定義，但是指出自主狀態會有「三種能力的釋放或者復原」的特徵（Berne, 1964: 158-60）。以 Berne 的觀點來說，**覺察**（awareness）意指直接經驗這世界的能力，沒有詮釋或成見。**自發**（spontaneity）指的是可以在不同的自我狀態間移動，運用所有選擇的能力。Berne 認為**親密**（intimacy）是自由自在地表達感受與渴望，而沒有遊戲或操縱。

深入閱讀之建議

Eric Berne 的原著是每位在治療場域中使用交流分析者的關鍵讀物。我特別推薦以下三本著作：

- *Transactional Analysis in Psychotherapy*（Berne, 1961）；
- *Principles of Group Treatment*（Berne, 1966）；
- *What Do You Say After You Say Hello?*（Berne, 1972）。

暢銷書 *Games People Play*（Berne, 1964）雖然相當具有可讀性，但是並未對 Berne 的理論做清楚的交代與說明。

你將會在 *TA Today*（中譯本《人際溝通分析練習法》，張老師文化）一書中了解當代交流分析的所有基礎理論（Stewart & Joines, 1987）。我的另一本著作（*Transactional Analysis Counselling in Action*, Stewart, 1989）則提供了交流分析在諮商與心理治療應用上的實用指南。

關於交流分析再決定學派，我則極力推薦 Robert 與 Mary Goulding 的兩本著作，這兩本書是 *Changing Lives Through*

Redecision Therapy（Goulding & Goulding, 1979）（中譯本《再生之旅》，心理出版社），以及 *The Power is in the Patient*（Goulding & Goulding, 1978）。

你可以在 *The Cathexis Reader*（Schiff et al., 1975）該著作中了解「灌注」（席芙）學派的主要原則。

如果你想由歷史的角度了解 Eric Berne 與交流分析體系的發展，不妨參考我的著作 *Eric Berne*（Stewart, 1992），由 Sage 出版社出版發行（中譯本《溝通分析學派創始人 —— 伯恩》，生命潛能文化）屬 *Key Figures Counselling and Psychotherapy* 系列叢書。

發展交流分析諮商技術的三十種方法

第2部

第 3 篇

首要原則

我之所以將本篇的主題稱為「首要原則」有兩個原因：首　23
先，因為這些內容涵蓋有效實務技術的所有核心主題；其次，因
為它們是諮商歷程一開始便需要思考的問題。

　本篇前四章的內容是關於態度與思考方法，而無關乎技巧。
我了解這本書的目的是為了提供**實用**的建議，幫助你發展諮商專
業。但是就我看來，獲得某種態度與學習一項技術是同樣的實際
與實用。

　事實上你可能會質疑，獲得某種態度是否果真更為實用。
當你學習一項技術，只不過不多不少地學到了一項技術罷了。然
而，當你學會了某種態度，你卻可以將它引申為許多的技術。

交流分析
諮商能力發展

CHAPTER 1 假設「一次會談就治癒」

Eric Berne 曾經驅策他的學生「透過一次會談治癒病患」。在此第 1 章當中，我要建議你開放地看待 Berne 所謂「一次會談就治癒」（one-session cure）的理想。

至少某些傳統保守的專家，對於 Berne 的建議會感到吃驚。他們可能會認為這過度簡化了個體改變的真實歷程，對他們來說那是漫長而且折磨的過程。事實上，某些交流分析師試圖讓 Berne 更受人景仰，於是指出這不過是 Berne 慣用的詭計之一，目的是為了運用誇張的手法，讓他的觀點更具有說服力。他們表示，每個人都知道，通常不可能透過一次會談治癒個案；Berne 只是想要用驚人之語來指出，諮商師需要更為積極主動地規劃治療所要採取的措施。

24 這的確是 Berne 部分的作為，但是我認為不僅如此。在他要求「透過一次會談治癒病患」當中，他也另外做了兩項**假設**的聲明：

1. 人們可以被治癒；
2. 可以快速地痊癒。

因此，我提供給你的第一項諮詢意見就是：面對 Berne 所提出的這兩項假設，保持開放的態度。當你開始對某位個案進行治療工作時，設想以人們可以被治癒作為前提，也一併假設他們可以快速地被治癒。

這並非等同於老掉牙的「正向思考」。這是一種方法，用來架構或者思索有關如何助人改變的知識。

🌿 這項假設為何有其價值？

如果你基於人們可以快速地被治癒的假設，開啟每一位個案的工作，將有兩種可能的結果產生：一是個案的確快速地痊癒，要不就只是並非如此罷了。

反之，如果你以人們並**無法**快速被治癒為假設，開始進行個案的治療，屆時你的個案**必然無法**被快速地治癒。有項顯著而且實際的理由就是，反正你也不會以快速痊癒作為目標。你身為一位負責的專家，為何會以某項被認為不可能的目標做努力呢？的確，即使你的個案確實很快地好轉，你還得判斷是否只是巧合罷了，因為你已經假設治療不可能導致如此的結果。

換句話說，假如你選擇有可能快速痊癒這項假設，你和個案便擁有許多贏面，而不會輸掉什麼。

🌿 假設並不必然等同於事實

我雖然建議以「一次會談就治癒」為假設，但是並不是建議你應當以假設取代正確的診斷與系統性的治療計畫。相反地，我會在接下來幾章的內容中強調，這些實體的程序對於治療成效的關鍵影響。

假設並非關乎實質的問題，而是關於「何者**可能**為真，何者**可能**為偽；什麼**應該**會發生，而什麼**不會**發生」的廣泛與概括性信念。因為假設被視為沒有爭議，因此經常不受到事實探究的影響。甚至可以說，一旦開始事實的探究，假設便消失不存在。[1]

25

1　完整地說明假設的本質與邏輯將超越本書實用簡明的初衷，不過你可以參考 O' Hanlon 與 Wilk 在 1987 年令人讚嘆的討論。

開放與封閉的假設

Eric Berne 選擇了兩項假設:「人們可以被治癒,以及可以快速地痊癒」,是因為他想反駁兩項對立的假設,這是當時精神分析風行的概念。這兩項假設是:

1. 「人們永遠無法透過諮商或者心理治療被治癒;頂多只能期待他們『有所進展』(make progress)或者『獲得領悟』(gain insight)」。

2. 「有效的治療必須費時久遠。」

你會發現這兩段陳述都有相當的絕對性。它們假設「治癒從未發生過」,而且有效治療「必定緩慢」。因此,這兩段陳述都封閉了可能性,我稱之為**封閉性假設**。

相反地,Berne 的假設在討論「可能發生什麼事情」。他認為人們前來接受諮商,並非總是可以獲得痊癒,但是的確有機會。類似的情況,他並不認為一定可以很快地達到治癒的目標,但也不無可能。兩項陳述都開放地接受各種可能,於是我稱之為**開放性假設**。

更多的一些假設

我要效法 Berne 的習慣,丟出幾個腦力激盪的點子與小小的建議,並且列出四項封閉性假設,來結束這一章的討論。我聽過一些當代諮商與心理治療的創見(包括交流分析與其他學派),我將就每一種狀況,並列地提出開放性與封閉性假設。

我的目的並非要證實封閉性的假設必然是「錯誤」,也並非要來辯證開放性的假設總是「正確」。就如同 Berne 一樣,我只想邀

請你檢驗每項假設，並且覺察它們對從事心理諮商或心理治療實務工作的你，有多大程度的影響。

1 (a)　**封閉性假設**：要達到療效，諮商師**必然**要處理個案的歷史經驗。　26

1 (b)　**開放性假設**：有效的諮商**可以**是大部分專注於當下與未來。

2 (a)　**封閉性假設**：成為一位有效能的諮商師，你**必須**「扮演你自己」。

2 (b)　**開放性假設**：當身為諮商師執行工作時，你**可以**在許多不同的「自我」（selves）中做選擇，每一個自我都是真誠的。你**可以**在每次會談或不同的時間點上，選擇任何一個最符合個案需求的自我。

3 (a)　**封閉性假設**：有效的諮商**必須**全然地仰賴諮商師與個案間的關係。

3 (b)　**開放性假設**：有效的諮商除了藉由技術，也**可以**透過關係來達成。

4 (a)　**封閉性假設**：諮商中深刻的個人改變**必定**伴隨痛苦，因為個體面對的是源自於兒童時期的苦惱與不適。

4 (b)　**開放性假設**：深刻的個人改變**可以**令人感覺舒適、輕易和有趣。個體**可以**輕易地選擇放下兒童時期的痛苦與不適，把它們留在屬於它們的年代——過去。

自我督導　有關個人改變的假設

1. 拿一大張空白紙，並在上頭寫下：「有效的諮商**必須**……」然後盡可能以各種方式完成以上的句子。如果你是在團體中進行此項活動，可以選用腦力激盪的方式來完成句子。

2. 接著，一一討論所完成的句子。現在則針對每個句子，寫下以「有效的諮商**可以是**……」作為開頭的另一個句子，並且使用與原句相反的意義作為結論。例如，你最初寫的是「有效諮商**必須**在親近的關係中發生」，你現在可能會這麼說：「即使沒有親近關係，仍然**可以**產生有效的諮商。」

3. 針對這些「相反」的陳述為何可能為真，舉例加以說明。例如，可能是因為**沒有**親近關係的諮商，可以避免某些轉移關係的圈套？

4. 最後，一一討論這些相對的陳述，並且思考每對語句：情況是否比較適合描述為「兩者皆為真」（both-and），而不是「非黑即白」（either-or）。例如，事實可能是：對某些個案來說，有效諮商需仰賴親近關係；但是對其他某些人來說，則需要較為疏離的關係。

27

關鍵
要點

● 覺察自己對個人改變的假設為何。

● 持續地自我檢討，如果發現想法過於固執或局限，隨時準備好開放並接納新的可能。

CHAPTER **2** 維持對時間架構的覺察

三項時間架構（time-frames）包括：**過去**、**現在**（或**當下**）與**未來**。我在本章提出的建議是：一旦運用交流分析進行工作，最好保持對此三項時間架構的覺察。我將提出建議，說明你可以如何加以運用，還有它們可能會如何對你造成束縛。

🍂 時間架構與交流分析

時間此範疇是交流分析理論的核心組成原則之一，時間本身就是自我狀態模型的核心。父母與兒童自我狀態都是**過去**的迴響：**父母**代表借自個案自身歷史中真實父母親或具父母形象者的自我狀態，**兒童**則是代表重演個體兒童時期歷史經驗的自我狀態。個體唯有在**成人**自我狀態下，才能充分運用現在的資源，回應**當下**的現實。

自我狀態模型並未立足於時間架構中的未來。然而，屬於交流分析核心原則之一的*治療方向概念*，則是代表一種處理未來的方法。在個體**過去**歷史的指引下，**當下**的渴望與資源都以契約的形式，被導向一個他所期待的結局，清楚定義的**未來**。

倒立的樹木

28

在進行交流分析治療或者訓練課程時，我經常將自己設計的一幅海報掛在牆上，圖 2.1 為這幅海報的縮小版。你可以看到一棵倒立的樹木，在圖頂端的樹根位置有段文字：「你的**根基**在**未來**」（Your ROOTS are in the FUTURE）。

　　中間是樹幹位置（因此也是在圖中央）的文字：「**行動就在當下**」（ACTION is in the PRESENT）。

　　在樹木頂端的枝葉中（因此是在圖的底部），海報內容寫著：「**過去只是提供了資訊**」（The PAST is for INFORMATION ONLY）。

　　為何要把樹木倒立呢？有兩個理由：首先，作為一幅個體改變的圖譜，它顛覆了許多人腦袋裡的傳統概念。其次，它鋪陳了個體改變的歷程，說明個體動態地向上提升，面向未來的結局；而非向下張望，本當極力掙脫過去並解放自我，卻又陷於過去問題的泥淖而動彈不得。這棵樹由下而上排列，標示過去到未來的三個標語，代表的就是此一「向上提升」的歷程。

　　海報上所呈現的三段詞句雖不言而喻，然而我仍認為值得進一步強調它們在諮商的改變歷程中所代表的意涵。

「你的根基在未來」

　　許多促成個體改變的傳統方法，強調分析個體歷史經驗的重要。這些傳統的觀點認為過去是個體賴以成長的土壤 —— 因此可以在過去「找到自己的根基」。

　　然而，實際上如果有人想要在當下做出個人的改變，是無法從過去找到這些改變的。過去已經結束，並且無法改變。過去的經驗本身也並非未來改變的絕對阻礙（除非過去的經驗導致永久性的身體殘障）。由此觀點看來，我們的「根基在過去」徒然只是自我局限的錯覺罷了。

　　為了發掘改變，個體必須代之以期許未來：他所期待的正向結局。選擇這些未來式的結局，便可以開始催促自己朝向目標邁進。

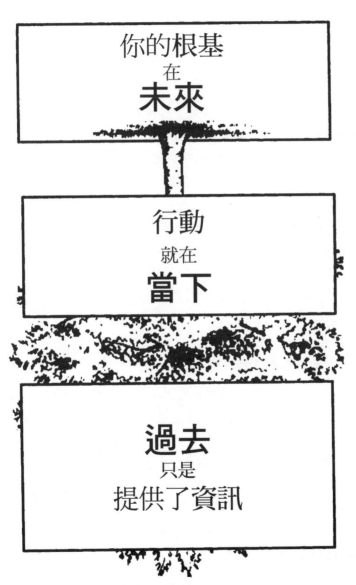

圖 2.1 倒立的樹木

所謂我們的根基在未來，意義便是如此。我們也可以發現未來有著許多光明與美好的道路。

「行動就在當下」

當下是個奇怪的時間架構，它總是在此時，也從未是此刻。如果我們運用想像，它就果真在未來；假如用來回憶，就成為過去。Eric Berne（1961: 37）追隨良師益友 Paul Federn 的指導，以堅決的手段解決了這個難題，獨斷地將「當下」定義為現今一個二十四小時的週期。

不論我們選擇定義當下為一秒鐘的剎那或者是一天的週期，我們實際上也都只能在當下採取行動。如果我要未來不同於過去，那麼我必須要在現在做些事，帶來不一樣的未來。如果我是一位諮商師，並且要促進人們做改變，我也必須要在現在執行我催化的工作。

「過去只是提供了資訊」

雖然我們無法改變過去，然而在諮商或生活中忽略了過去，一般說來也顯得相當愚蠢。過去是儲存許多有用資訊的巨大倉庫。特別是，分析自身的歷史讓我們了解我們是如何局限了自己，什麼方法讓我們獲得最想要的成就。在這些資訊的指引下，我們可以做出有效的選擇，決定當下該使用何種策略，促進未來可以邁向渴望的結局。

時間架構與治療計畫

圖 2.2 以更為形式化的方式呈現三項時間的架構：也是交流分析治療的計畫。以下有些解釋，說明該圖所顯示的意義。

有效的諮商是
由結局所驅動

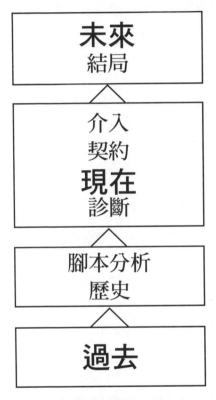

圖 2.2 時間架構與治療計畫

1. 根據定義，詢問歷史乃關乎**過去**。
2. **腳本分析**是**過去**與**現在**之間的連結。它是一種將有關於個案的歷史資料，系統性地與當下做連結的方法。

3. **診斷**與**現在**有關。交流分析對於「診斷」一詞的用法，並非意味在個案身上貼上永遠不變的標籤，反而是代表一種持續地回顧與更新的評估歷程。當下隨著時間不斷地流動，你對個案的診斷很可能也隨之改變。這可能因為你在工作的過程中更為了解個案，並且（或者）個案因為接受諮商而有所改變，導致你更新了診斷評估。

4. **契約制訂**也是在當下執行，並且提供**現在與未來之間的連結**。當現在隨著時間進展，個案與你可能同意在動態的契約內容中做了許多改變。部分是因為個案已經達成、改變或放棄了某些目標。有些則是導因於你不斷修正的診斷（請回顧第 2 篇第 10 節「治療三角」）。

5. 諮商的**結局**（或成果）總是出現在未來。為什麼呢？因為一旦達到所期待的成果 —— 也就是說在當下達成 —— 便不再是諮商的目的。在任何一個達成目標的時間點上，個案與諮商師可能共同決定走到終點，或者彼此可能同意為另一項個案所期待的成果開始進行工作。

6. 整個治療歷程的方向都是指向結局，這也是我之所以加上「有效的諮商是由結局所驅動」這個標語的緣故。如果你喜歡的話，可以想像個案按下開關，開啟他對未來所渴望的結局，奮力地前進並跨越改變的過程。

三項時間架構在治療中的實際應用

　　根據我的經驗，專注於時間架構可以幫助你避免某些諮商中常犯的錯誤。相對於列出此等錯誤，我寧可列出積極正面的認知幫助你避免犯下這些錯誤。

詢問歷史只是用來獲得資訊

一如圖 2.2 所強調，詢問歷史處理的是個案的過去。當然，過去已經無法改變。

某個實用觀點的聲明如下：檢視某人的歷史（過去）**唯一**的理由是要獲得有益於他當下做改變的資訊。「談論」個案的歷史可能相當耗時；除非意外，否則這樣的做法本身並不會帶來任何治療性的改變。

腳本分析是當下對過去所繪製的地圖

腳本分析也告訴我們個體如何決定過去的作為。然而它並不必然可以描繪個案當下究竟如何。它的功能乃是作為**當下對過去**所繪製的地圖，有助於**未來**的改變。

因此有項實用的建議是：當你在進行腳本分析時，清楚地讓個案了解，你所探究的是他們過去如何地做成決定。也要說明清楚，這本描繪過去的地圖並不能束縛他們的現在或者未來，反而可以讓他們看得更清楚，為了在未來達成渴望的目標，需要在當下改變什麼。

持續檢討你現在所做的診斷

因為當下持續不斷在變動，個案的診斷也可能隨著諮商的進展而有相當大的改變。如果諮商的歷程似乎「卡住」了，需要檢討的部分就是你對個案的診斷是否也已經「卡住」了 —— 也就是，並未隨著個案的變化有效地做改變。

33

🍁「早期場景的工作」是在當下進行，而非過去

特別是要進行任何「早期場景的工作」（early-scene work）時，得切記時間架構。在這項工作中，你會要求個案藉由想像「回到過去」，然後「改裝」一齣歷史的場景（Goulding & Goulding, 1979: 190-4; Stewart, 1989: 144-5）。

為了在技術上實際達成功效，你需要邀請個案「身處過去的場景」，全然地重新經歷，就好像真的回到當時一般。實際上卻是你得在「現實」中參與個案這齣想像的經歷。

當然，在同一時間裡，身為催化者的你得敏銳地察覺，實際上你並不是在「對過去下工夫」。那是不可能的事。而你正在做的卻是在當下對個案所憶起的過往經驗下工夫。

於是，在此類工作中要達到改變，至為關鍵的重點是你得要催化個案，將他現在所擁有的資源，帶入他所回憶的過往經驗當中。在此等現時資源的協助下，個案於是可以用一種新的方法，面對並解決所憶起的場景。個案最終的一步，就是能夠了解未來在遭遇任何類似的場景時，可以運用這些當下的資源，成就有別於舊腳本的結局。

這就是 Goulding 針對早期場景的工作所提出的警告：「別人不會被改變」背後的原理（Goulding & Goulding, 1979: 206; Stewart, 1989: 143）。在改裝憶起的歷史場景時，你絕對不應要求個案想像該場景中會有其他人採取主動，令情況有所不同。反而總是該由個案所憶起的自我採取行動，使得結局有所不同。

🍁 瞻念成果而非問題

人們經常為了「解決問題」而前來諮商，然而在三項時間架構的脈絡中，視個案的問題屬於過去將更具有建設性。這有助於

我們視諮商這項任務是在幫助人們利用**當下**的資源，成就**未來渴** 34
望的結局。

　　交流分析督導老師 Ken Mellor（在工作坊演說當中）建議：
「期待成果，而非回顧問題」，將此觀念描繪得簡潔有力。

契約並不等於結局

　　圖 2.2 強調，當你制定了改變的契約，契約就是一種**當下的方**
法，目的在於達成**未來渴望的結局**。因此，契約並不等於結局。
我會在稍後「訂定契約」一篇中詳加說明。

> **關鍵**
> **要點**
>
> ● 覺察三項時間架構：**過去、現在與未來**。
> ● 了解在每一項時間架構中，哪些事情做得到，而
> 　哪些做不到。
> ● 思考以下的標語：「有效的諮商是由結局所驅
> 　動」。期待成果，而非回顧問題。

CHAPTER 3 排列骨牌

Richard Bandler（1985: 111）指出，有效的治療就像排列骨牌一般。Bandler 表示，把骨牌由盒子裡取出，並辛苦地將骨牌一個接一個地排好，可能會耗費你許多的時間。然而，只要在最後一張牌上輕輕動一下手指頭，全部的骨牌都會倒下。

本章我將推薦你 Bandler 的方法。我建議在與個案合作時，只要你願意的話，盡可能地花時間細心地排列好骨牌。一旦時機成熟，你只需輕輕動一下治療的手指，便足以使得個案如骨牌傾倒般，瓦解所遭遇的問題。

交流分析提供我們設置一種定義相當清楚的「骨牌」。這裡所指關鍵的交流分析概念就是所謂的*治療程序*（treatment sequence）。這就是將連續的治療階段以一種特殊序列做安排的過程。

進入腳本改變的九個步驟

這裡有九張骨牌，建議你在交流分析的實務工作中，由初次與個案的接觸開始做排列。在開始特定的介入以促進腳本改變之前，需要先行完成這些步驟，如以下所示：

1. 進行*接案*並做*初步診斷*。
2. 考慮*轉介*。
3. 設定*基本規則*。
4. 協商*事務性契約*。

5.　要求個案填寫**目標清單**。

6.　進行更完整的診斷，包括**腳本分析**。

7.　達成**初步治療性契約**。

8.　發展治療計畫，包括**單次會談契約**。

9.　促使個案**封閉逃生艙**。

避免衝動地進行「工作」

　　經驗告訴我，誘人的錯誤往往發生在你尚未排列好這九張骨牌之前，便貿然開始執行「工作」。特別是如果這個「核心」點正足以使個案獲得某種戲劇性的解放，「直指核心」這種誘惑性的點子實在令人難以抗拒。然而，如果你尚未與個案訂定清楚的合約，或者在形成對個案清楚的診斷之前，你可能就在整列骨牌中間留了一道空格。當要你輕推最後一張骨牌的時刻來臨，可能會發現自己只能讓一張骨牌躺平，其他的骨牌仍全都屹立不搖。

九項步驟的順序

　　這九項步驟的序列細節可以有些變異。例如，有些實務工作者甚至喜歡在接案會談之前，便先行告知潛在的個案相關的基本規則。或是也可能會把某些階段濃縮在一起：許多交流分析師認為，制定規則是協商事務性契約過程的一部分。

　　然而不論如何，對某些序列的特徵做更動，必然會干擾治療程序的效應。為了實務工作的目的，以下有四項規則不容更動：

1.　在繼續下一個階段的任何程序之前，你必須評估並確定個案是否有轉介**精神科**或**內科醫療**的可能需求。

36

2. 在進行治療性契約的協商之前，你必須定好**基本規則**，並且進行**事務性契約**的協商。

3. 在你可以規劃出適當的治療契約之前，必須對個案做好初步**診斷**。

4. 在促進個案採取任何脫離腳本的行為之前，你必須確定個案已經一致地**封閉逃生艙**。

時間範疇

這九項步驟不僅應用在整個治療的時間歷程，也同樣適用於短暫的時間範疇內。你也可以把它們應用在：

- 治療計畫的某些段落。
- 每次個別諮商會談中。
- 會談中的每一次介入。

在這些比較短的時間範疇內，可能並不需要或者不可能重複全部的九項步驟。然而我的看法是，切記這幾項步驟並反覆練習是再好不過了。以下則列舉某些應用的方法。

治療計畫的某些段落

在治療過程當中，往往會以時間為單位，將改變的歷程切割為幾個部分。在治療進行中，通常需要個案「循環再利用」個人的素材（Erskine, 1973; Stewart, 1989: 9-14）。每當一項特殊的議題浮現時，就會被視為治療計畫某個特殊段落的開端。於是，隨著治療的進行，個案很可能再度簽署許多不同的契約；你可以將每份契約的完成，視為治療計畫中某個段落的結束，以及另一段落的開始。

　　每當某個段落開啟時，便回顧這九項「治療步驟」，對你會相當有幫助。例如，你可以回顧最初**接案**時蒐集的個案資料。你是否獲得關於個案更新的資料，使你現在對他有不同的觀感？

　　現在你甚至可能看到**轉介**的需求？這種需求的產生可能只是單純地因為個案現在想要針對特殊領域下工夫，而你並未具備相關的專業資格（例如：飲食性障礙）。此刻，轉介可能只是意味個案需要接受該領域專家幾次的治療，但是你仍舊繼續擔任他主要的諮商師。

　　你的**基本規則**是否仍被遵循呢？你與個案是否仍舊依照原來**事務性契約**的規範合作呢？或者你需要與個案協商一份新的事務性契約？例如，你是否需要與個案就安排更多次的治療會談，進行協商並達成共識呢？

　　在治療歷程中開啟每個新的階段時，關鍵重點總是在於回顧你的**診斷**。這麼做有兩項理由：首先，你將得到更多的資訊，比早期階段對個案的了解更為深入。其次，乃基於個案接受了你的治療，並已成就某些治療進展的事實，當下的診斷可能已經全然改變。

　　每一個新的治療階段開始，可能都得透過協商新的**治療性契約**來加以標定。即使只是因為個案「循環再利用」某項治療的議題，劃分出治療計畫的全新段落，與個案共同回顧治療性契約依然顯得相當重要。除此之外，如果個案當下的診斷有所改變，那麼契約可能也需要做適當的更動（請回顧第 2 篇第 10 節「治療三角」）。

　　現在，以全新的資訊作為基礎，你已經準備好規劃下一階段的**治療計畫**，包含可能會進行的單次的會談契約。

在著手執行治療的下一個步驟之前，回顧個案**逃生艙**的狀態會是個不錯的構想。特別是在個案似乎仍有些「卡住」的時候，再也恰當不過了（或者以昔日的語言來說，就是已經「顯出阻抗」）。果真如此，你會發現考慮個案是否一致地封閉逃生艙相當地有幫助。在這個狀況下，邀請個案重複封閉逃生艙的程序，並不會造成任何傷害。

每次會談

每當與個案開始新一次的會談，運用我為治療歷程各階段所描繪的方法回顧這九項步驟，會對你有所幫助。例如：你與個案是否仍在事務性契約的共識下合作呢？你是否明瞭與個案戮力合作所期望達成的整體性治療契約為何？個案是否也清楚了解？假設果真如此，單次會談契約內容怎樣會比較恰當呢？（在第 8 章中，我會提供紀錄格式的建議，有助於每次會談步驟的進行。）

每次介入

在微觀層面，你可以用秒為單位，在每次介入前檢視進入治療的步驟。這可以成為一種心理上的態度，而非每一次都得有意識地如此思考。一旦開了金口，你將已完成如下問題的回顧：

- 這次的介入是否仍使我們維持在彼此同意的保護性界限內？（*基本規則*）
- 此刻我所相信的個案*診斷*果真恰當？例如，是否正確地對應上適當的「接觸之門」（contact door）？（參見第 21 章）
- 這次的介入將如何有益於個案達成目前的*治療性契約*呢？

關鍵
要點

- 在促成特殊的腳本改變之前,先「排列好骨牌」。你可以遵照我在本章所建議的九項步驟執行。
- 在與個案合作經歷每個工作階段時,定期回顧這九項步驟。

CHAPTER 4 設定清楚並具有彈性的界限

　　交流分析諮商主要將設定界限（boundary-setting）對應於制定基本規則及協商事務性契約。我在本章給你的建議是：讓你的界限不僅清楚，而且具有彈性。

39 「清楚」與「不清楚」，「僵硬」與「彈性」

　　在日常生活用語當中，有種可以理解的傾向，就是把「清楚」等同於「僵硬」，「彈性」等同於「不清楚」。例如，假設我表示「我設定了清楚的界限」，很多聽者也會認為這道界限將不容易改變──也就是說，它會十分僵硬。

　　然而，實際上「清楚」（clear）與「僵硬」（rigid）的意義並不相同，而且彼此互斥，沒有交集。同樣地，它們的反義詞「不清楚」與「彈性」的意義也是如此。

　　這讓我們了解可能有以下四種特質的界限：

- 清楚而且僵硬；
- 不清楚但僵硬；
- 不清楚但有彈性；
- 清楚而且有彈性。

　　讓我舉諮商會談開始與結束時如何設定界限為例，詳加說明。

　　設定清楚而且僵硬界限的諮商師，可能會告訴個案：「每一次的會談時間為五十分鐘。如果你遲到超過十分鐘，我會視為取消當次的會談。」倘若個案真的遲到了十一分鐘，諮商師也就毫不遲

疑地取消了該次的會談。他也會在治療進行了五十分鐘之後，不管個案當時的狀況為何，逕自停止該次的會談。

設定**不清楚但僵硬界限**的諮商師，可能早已決定要依循相同而且缺乏彈性的時間管理風格。然而，他並不會事前對個案解釋清楚。這位諮商師可能只花很少的時間來制定基本規則或協商事務性契約。

相同的情況也會發生在設定**不清楚但有彈性界限**的諮商師身上。他的個案也不會被清楚告知會談時間開始與結束的相關細節，或者只有在個案真的遲到了，他才詳加說明。隨諮商師的興致所至，治療可能延後開始、提前開始、超時或者提早結束。

設定**清楚而且有彈性**界限的臨床工作者，將會事先對個案說明每次會談一般需要多少時間，以及遲到時通常會採取的處理原則。他可能會清楚地將這些原則製作成書面資料，並在初次會談時交給這些未來的個案。不論如何，他也都隨時準備因時因地制宜，重新協商或「折衷」某些原則，這並不代表缺乏清楚的原則與契約。如果條件有利於個案，而且改變也無損於對自己的保護，反倒是顯示諮商師已經做了充分的準備，隨時可以運用成人的分析，並立即做出改變（回顧第 2 篇第 11 節「三個 P」）。

40

協同諮商的案例

某個兼具「清楚且有彈性的界限」而相當吸引人的案例，並非源自於交流分析，而是來自於所謂協同諮商（co-counselling）的形式（可參考如 1978 年 Southgate 與 Randall 的著作）。在這種個人改變的合作過程當中，典型的方法是兩個人一起分享一個小時的諮商時間。前半小時當中，兩人之中的甲扮演諮商師，乙則扮演個案；然後，緊接下來的半個小時，雙方角色互換，乙成為諮商師，而甲則成為個案。

　　請注意，有關名義上定義誰是「諮商師」而誰是「個案」，這方面的界限設定是完全具有彈性，而且非常清楚。然而，有關諮商師與個案角色互換的時間點這一方面，則顯得相當清楚而且沒有彈性。在這案例中，為了清楚界定的治療目的，因而制定了沒有彈性的規則。

　　我舉這個來自於協同諮商的案例，是因為我認為它可以清楚說明界限如何可以既清楚又具有彈性。它也同時顯示有彈性或者沒有彈性，並無「好」或「壞」之分。關鍵在於可以根據清楚界定的倫理原則或治療性因素，選擇採取彈性與否，抑或決定彈性的程度。

原則與事務性契約

　　我曾經指出交流分析中的界限設定，主要在於基本規則與事務性契約的範疇。而這兩者之間又有何差別呢？

規則

　　規則（有時候稱之為基本規則）被實務工作者設定為諮商關係的前提，因此**沒得妥協**（not negotiable）。實務工作者實質上是在告訴個案：「只有在你⋯⋯（遵守這項規則）時，我才打算跟你合作。」個案並沒有多少選擇的餘地，只能簡單地回答：「好的，我會遵守規則跟你合作」，或者是「不，我不願意遵守規則，所以我接受彼此不會一起合作的事實。」

　　交流分析實務工作者，為接受個別諮商的個案所制定的典型規則，如以下所示：

- 會談中不會對自己或他人暴力相向。
- 不破壞房屋、設備或家具。

- 不丟擲堅硬的物體。
- 整個諮商過程的任何時候，都不能使用非經醫師處方的藥物。
- 在受酒精影響時，不進行任何的會談。
- 所有會談內容都會進行錄音記錄。

進行團體治療時，以上規則同樣適用，但需要額外遵守以下的規則：

- 面對其他團體成員的治療內容，需要遵守保密規則。
- 團體成員間不准有性關係存在，除非這層關係的存在比團體的開始還要早。

事務性契約

相反地，諮商師與個案間事務性契約的條款，至少具有一定程度的協商空間。典型事務性契約所涵蓋的項目可能包括：

- 剛開始要進行幾次的會談？
- 最後一次的會談是否需要安排評估？
- 進一步的會談將包含哪些範疇？
- 費用多少？
- 多久需要付費一次？
- 如果個案缺席、提早抵達或遲到，要如何處理？

很顯然，規則與事務性契約條款之間並無截然的區別。例如，如果你有固定每小時的費率（跟我一樣），那麼這個數字本身是沒得商量的，那麼它就可以被視為「規則」。有些實務工作者喜歡設定較少的規則，或者沒有此等規則，甚至將如此重要的事務視為隱私，當作是某種可以協商的約定處理。

我所建議的重點在於要清楚地了解兩者概念上的差異，然後自行決定要把哪些事情當作自己的規則處理，而有哪些是準備要放在事務性契約中進行協商。

🌸 封閉逃生艙千萬別成為「規則」

有件例外並不適用於最後這項建議。那就是：**絕不能把封閉逃生艙一事**（參見第 2 篇第 12 節）**設定為規則**。

或許並不需要特別指出這一點，但是我已經不只一次聽到，從事實務工作的學員提到自己「只願意與已經封閉逃生艙的個案合作」。在這種狀況下，諮商師正把封閉逃生艙設定為與個案進行合作中沒得商量的前提 —— 換句話說，就是一項規則。

企圖把封閉逃生艙制定為一項「規則」，違背了封閉逃生艙的關鍵特性：就詞意上來看，封閉逃生艙乃是需要個案由成人自我狀態做出的一項決定。在個案剛開始接受諮商時，極不可能處在一種可以誠懇地做出成人決定的狀態，接受封閉逃生艙的「規則」。

任何一種狀況下，試圖將封閉的動作制定為一項「規則」，意味治療師無法執行屬於他的關鍵任務，見證個案的決定，並觀察其內心是否有所矛盾。我會在第 7 章做更多有關於封閉逃生艙的討論，並說明將此程序導入治療計畫的適當方法。

關鍵
要點

- 切記清楚的界限可以具有彈性，而且有彈性的界限也可以很清楚。
- 設定屬於你自己的界限。由保護個案與治療需求的角度思考，決定界限的彈性與否。

CHAPTER 5 要求個案草擬目標清單

在第 2 章當中，我曾經表示**有效的諮商是由結局所驅動**。因此，我曾經建議應該導入治療的幾項步驟（第 3 章），其中有一項就是邀請個案彙編一份清單，羅列想要改變的目標。在這一章當中，我會深入討論目標的特質、它們的好處，以及引發的方法。本章的主體內容是由目標設定的練習所組成。

問題與目標

大部分來尋求心理諮商的人，都是帶著一個**問題**前來。他們最初的企圖都是想要「擺脫這個問題」，抑或是希望「解決問題」，然而在離開時卻認為沒這個問題。

從成人的眼光看來這再完美不過了；然而由**兒童**的眼光看來似乎大不同。問問**兒童**，有誰願意讓別人從他身上**拿走東西**，讓他**一無所有**呢？特別是被拿走的東西是多年來令人感到舒適的防衛呢？有點令人納悶的是，**兒童經常採取某些手段來確保成人的**「問題」一直無法被解決。

在治療初期使用目標清單的方式，給人們一種方法，改變看待整體事件的觀點。個案現在專注的並非一個不想擁有的問題，而是一組期待的結果。並非**兒童**要面對失去熟悉的事務，而是可以思考究竟可以獲得哪些新鮮與不一樣的成果。個體現在可以「期待結果，而非回顧問題」。

　　如同你所了解的，我曾在第 2 章指出所謂三項**時間架構**，也可以運用這套專業術語加以說明與解釋。運用目標清單有助於個體專注於改變未來，而非執著於不可改變的過去。

　　某些人的確不是帶著問題前來尋求諮商，而是希望獲得幫助來達成某件相當特殊的目標。即使面對這種情況，繪製一份目標清單仍會是個相當有助益的步驟。你會看到，羅列目標清單的程序中，一項重要的要素就是將各種可能的目標，依照**優先順序**加以排列。個案因此獲得協助，將其前來諮商的某些需求，透過文字語言的運用進行思考與表達：現在個案已經花費時間從各種可能想要追求的目標中，列出某項優先的目標。而這項目標為何如此迫切呢？達成任何目標的前提，很可能需要付出時間、精力與代價，而實際上他準備要針對這項目標做些什麼呢？

渴望與目標

　　作為契約訂定的序曲，很重要的是指出**渴望**（want）與**目標**（goal）的差異。

　　我使用「渴望」（名詞）一詞通俗的口語意義，因此，渴望就只是期待的聲明，表達一個人想要擁有或想做的、不想擁有或不想做的。人們經常可能會以模糊或負面的方式來表達，例如：

「我要減肥。」
「我要成為比較熱情的人。」
「我希望可以不害怕在公眾場合演說。」
「我希望自己沒有好辯這種問題。」

通常人們是以這種方式，帶著想要改變的渴望前來接受諮商。

當然，以交流分析的角度來看，這種表達方式距離標準的契約形式還相當遙遠。然而我認為仔細留意這些初步的構想相當具有價值，注意它們並給予回饋，而不是略過它們「繼續規劃」完整的契約。這是個體架構自己渴望的典型方法，對他而言相當重要。當你讓個案知道你已經注意到他初步的構想，則有助彼此建立投契的關係。甚至，你可以在契約制定的過程中，經常運用這些初步的陳述，提醒藉由負面或者模糊的詞彙規劃自己渴望的個案，可能正在破壞自己想要改變的期待。

轉化渴望為目標

為了轉化渴望為**目標**，你可以採用個案初步對渴望所做的陳述，然後引導他通過目標設定的歷程。目標設定的歷程至少要做到以下的重點：

1. 確定個案**列出**現在的渴望。
2. 促使個案自己以**正向的詞彙**表達其渴望。
3. 得讓個案自己辨認出所渴望的結果彼此間有什麼衝突。
4. 因此，得讓個案就可能的各種渴望**排列優先順序**。

45

某些目標設定的程序，也明確地指出形成具體目標所需要的其他特質，例如，得運用個案在達成目標時，可以徹底了解的表達方式來陳述，或者必須遵循某個已經聲明的時間限制。然而在交流分析的應用上，我提出的定義比較寬鬆，也比較行得通；因為任何案例在經過交流分析契約制定歷程的處理後，其餘這些特質都會顯現。因此，我將**目標**定義為：「運用正向的詞彙表達，並且已經接受過檢驗，評定為順序最優先的渴望。」

練習填寫目標清單

　　以下有一項練習，我發現這是一種快速而且有效的方法，有助於個案完成目標清單。這個方法源自於時間管理專家 Alan Lakein 的作品。Lakein 有本卓越的著作 *How to Get Control of Your Time and Your Life*（1973: 30-6），我引用了其中的練習作業。

　　我會運用自己經常給予個案的指導語，作為練習的開場白。我交給個案一份寫滿指導語的清單，並要求他在會談時間內填寫，或者當作下次會談時間進行討論前必須完成的家庭作業。如果你沒有做過這項練習，現在你或許樂意親自做做看。若是如此，我建議你首先得一次讀完所有的指導語。

填寫目標清單的練習

　　撥出約十五分鐘的時間。你需要幾張大張的白紙、一枝鉛筆或原子筆，以及一只有秒針的手錶。

　　這個練習並沒有所謂「正確」的答案，它的目的是要協助你辨識與釐清你自己的渴望。

1. 拿出第一張空白紙，並在紙張的上緣寫下：**我這一生的目標是什麼？**

　　開始計時。運用整整兩分鐘的時間，寫下這個問題的答案。在時間範圍內，盡可能寫得越多越好。在這個階段，要避免試圖做審查或評估。在這段時間內，把腦海中所有的念頭都寫下來。

　　然後再利用兩分鐘的時間，檢閱你所寫下的內容，使用任何令你感到更為滿意的方式，修改或增添清單的內容。

46

2. 拿出第二張空白紙，並在紙張的上緣寫下：**在接下來的三年內，我希望達成什麼目標？**

   與之前相同，在整整兩分鐘的時間內，盡可能寫下任何想法。然後，再利用兩分鐘的時間進行檢查、更改或增修。

3. 拿出第三張空白紙，並在紙張的上緣寫下：**如果知道從今天開始算起的六個月後，我會被雷打死，那麼在那之前，我要如何過生活？**

   與之前相同，運用整整兩分鐘的時間，針對這個問題做腦力激盪，然後再用兩分鐘檢閱。（假設包括自己的喪禮等所有的安排，都已經有了妥善的處理。）

4. 現在至少再利用兩分鐘，一起回顧這三張紙當中所有問題的答案。然後再度利用這個機會，修改、增添或者從頭到尾摘要三張清單的所有內容，好讓自己更為滿意。

5. 重點是要用正向的詞彙表達所有的目標 —— 也就是說，運用你**要**執行、獲得或者達成的目標這種方式表達。如果你使用負向的詞彙表達你的目標（如你**不要做**、**停止做**、**避免做**哪些事情，或者任何其他負向的詞彙），請在這個階段進行修改，好讓你把它更改為正向的詞彙。這可能經常讓你得問自己：「我會得到什麼，**而非**不要有什麼？」或者「我要做些什麼，**而非**要中止哪些行為？」

6. 考慮終身、三年與六個月的清單內容，彼此間是否有顯著的差異。如果真有所差異，是否正在提醒你認真思考自己真正想要從生命中獲得什麼呢？

在交流分析的架構中，終身及三年的清單絕大部分經常混合了**成人**與**父母**的目標（「開始並維持體適能計畫」、「賺五十萬英鎊」）。相對地，六個月的清單則經常讓我們了解到未經審查的**兒童**目標（「我要拋下工作，然後徒步環遊世界」）。

自由地運用時間，在你的綜合清單中再做一次隨意的改變。

47

7. 檢查任何一張清單中或不同清單間的目標是否有所衝突。（例如，維持徒步環遊世界的目標，雖然與開始體適能計畫的目標一致，然而卻與賺五十萬英鎊的目標相互牴觸。）你應該將衝突視為清單裡的正向層面。藉由辨識這些衝突，你也記下了應該處理它們的需求。可以運用以下兩種方法或其中之一，處理目標間的衝突：

   ■ 設定優先順序；

   ■ 採取折衷之道。

8. 為了設定優先順序，輪流檢視每一份清單。在做這件事情的同時，切記潛在的衝突。從終身目標清單中，挑選出最重要的三項，並分別將它們標示為 A1、A2 與 A3。同樣地，從三年目標清單中得到 B1、B2 與 B3，六個月目標清單則為 C1、C2 與 C3。最後，取出一張空白紙，寫下這九項目標。這就是你的九項優先目標。

9. 這些目標並非銘刻在石頭上無法更動的。事實上，特別是在目標設定的早期階段，你會由回顧與利用草稿重複草擬清單而獲得好處。你得要了解，有效的目標並非一成不變，反而一直可以輕易地改變與修訂。

預演：目標不等同於行動或契約

當個案完成了填寫目標的練習，相當值得進一步提醒他或者你自己：**目標並非等同於行動，也不等於契約**。

目標不等於契約

彙編目標清單並不等於訂定契約的過程，而是在諮商過程中有效促進治療契約訂定的步驟。我會在接下來的第 9 章，更深入解釋這一點，我將會討論**契約**與**成果**的差異。

目標不等同於行動

48

你會了解在彙編目標清單時，個案很可能不會提到要**做**些什麼來達成其陳述的目標。換句話說就是目標與行動並不相同。我也會在第 9 章探討此項重要的差異。

關鍵
要點

- 在諮商的早期，引導個案完成「目標清單」的填寫。本章的練習提供一種彙編目標清單的結構性方法。
- 在改變的過程中，目標清單有助於個案積極地振作。方法是透過瞻望所期待的成果，而非回顧問題。

CHAPTER 6 運用簡式問卷分析生命腳本

本章我所描述的是如何使用簡式問卷來分析個案的腳本。

在腳本分析發展初期，有些交流分析學者提出的腳本問卷，其中題目的數量甚至超過一百題（參見 Berne, 1972: 427–35）。當代絕大部分的交流分析師偏好使用較為簡短的問卷，來探討個案生命腳本的內容。問卷題目可能只有十到十二題。透過與個案間更為輕鬆自在的探索與討論，對問卷的答案加以詮釋，然後彙整成腳本矩陣。

持續使用同一份問卷

在本章中，我提出簡式腳本問卷，這是屬於我自己的版本。其他的交流分析師使用的問題或有些許不同。我認為腳本問卷中，題目的用字遣詞是否精準並非關鍵。要設計問題以獲得腳本每個部分的資訊並不困難，重點是你要持續使用相同版本的問卷，做多次的腳本分析，然後繼續與接受腳本分析的個案進行諮商。這是你獲得回饋的方法，藉此可以判斷自己初次對每位個案進行腳本分析的準確性。緊接著，這些回饋可以讓你對未來詮釋問卷答案的方法，做任何必要的修正。

「火星人的思考」

在進行腳本分析時，你需要使用「火星人的思考」。不但得了解個案溝通當中的公開內容，也必須讀懂隱晦的部分。觀察與聆

49

聽傳遞個案「秘密訊息」的動作、嘀咕、微笑、鬼臉、手勢、姿勢的改變，還有其他所有非語言的徵兆。

　　同時也要聆聽個案所選擇的語言，當中的雙重訊息、雙關語、說溜嘴的話語。切記，腳本與夢的語言形式相同。事實上，發展腳本分析效能最好的方法之一，就是密切地對自己與個案的夢下工夫。

　　準備好運用你的直覺，了解所有語言與非語言訊息的意涵。然而，在繼續往前並繪製腳本矩陣之前，總得與個案進行核對，發掘直覺是否給了你些什麼重大的訊息。

準備腳本分析

1. 使用簡式問卷做腳本分析，一般至少得費時九十分鐘。最好可以事先安排九十分鐘以上的時間，來進行腳本分析的訪談。

2. 你應該做好以下的準備：

   ■ 一塊白板與數枝白板筆，好用來繪製矩陣的初稿（在你完成問卷訪談之後，你可以與個案一起在白板上進行推敲與琢磨）。

   ■ 為自己與個案準備兩份腳本矩陣圖的空白表格。

3. 尤其當你是腳本分析的新手時，你會發現錄音記錄會談的內容相當有用。事後你可以倒帶重聽，仔細聆聽剛開始可能錯過的徵兆。就個案來說，他也可能會發現把會談內容錄音起來的好處；在會談結束後，至少再一次完整地聆聽錄音內容，往往會因此對自己的腳本，得到更深的領悟。

4. 如果個案不熟悉腳本的概念，在開始會談之前，就要向個案解釋，讓他了解。說明腳本是一種「過去的地圖」而非「當

下的你，以及未來也會如此」，也相當重要（回顧第 2 章裡的
三項時間架構）。

5. 邀請個案簽定腳本分析的契約。讓個案清楚地了解這次會談
並非進行諮商工作；目前會談的目的是在蒐集資料，而不是
促成改變。確認個案已經明白地同意這份契約。

6. 整個會談過程，要信守契約中你該遵循的部分，**並且避免開
始進行諮商**。你們還沒有定下諮商的契約。有時，腳本分析
會碰觸令個案感覺痛苦的內容。果真如此，也只要詢問個案
是否需要休息一下或者中斷會談，不需要給予同情，也不要
加以面質。

7. 當個案再度做好準備時，繼續詢問接下來的問題。只需簡短
地做完問卷，並做最有限的探詢便可。在第一次閱讀填答的
問卷時，逐字地注意個案的答案（或者盡可能逐字閱讀完整
的篇幅）。在這麼做的過程中，請將有趣的文句**以底線標示**
（即：直覺判斷是有關於腳本的徵兆）。你也應該簡短地摘錄
任何伴隨這些文字的非語言訊息。

簡式腳本問卷

我有份屬於自己的簡式腳本問卷版本，以下是其中的問題。
在每個問題的標題下都有我的說明。

1 你是哪種人？

設計這個問題的目的，除了腳本的**內容**之外，同樣也要取得
腳本歷程的資訊（回顧第 1 篇第 5 節）。

回答第一個問題的內容，很可能可以提供初步的線索，了解
個案關於自我、他人以及對這個世界的早期決定。它也可能指出
生命定位，以及個案最喜歡的扭曲與遊戲。

（至於如何從第一題獲得有關歷程的資訊，你得觀察行為上的線索；我將在以下有關歷程模型的章節中，完整地加以敘述。因此，我建議你現在只需瀏覽第一題其餘的說明，並在閱讀完歷程模型的章節之後，再回過頭來深入了解。）

要確定你自己是直接由成人詢問第一題，而且避免了驅力行為。否則，個案的反應很可能只是對你自己驅力的回應罷了。

注意個案經由文字、聲調、手勢、姿態、態度與臉部表情所傳達出的驅力序列，特別是要注意個案回應時的前幾秒。驅力經常表現在任何話語要被說出之前的空檔。透過晤談，進一步核對你對驅力序列的評估。這會顯示出個案的人格調適型態（personality adaptations）。它也提供你附帶的資訊，了解威爾氏序列（Ware Sequence）中的開放通道（open door）、目標通道（target door）與陷阱通道（trap door）。驅力序列也提供你相關指引，了解個案的歷程腳本型態，也就是腳本在某段時間中如何演出的形式。

（在進入第二題之前，告訴個案，你將就其父親與母親兩人，分別詢問四個問題。同時也要詢問個案：在零到七歲之間，是否有其他任何人與自己共同生活在同一個住所當中，實際上扮演了照顧自己的親職角色？如果有的話，要判斷是否需要將這位扮演親職角色的人物納入腳本矩陣當中。答案如果是肯定的，則同樣得針對這位具父母形象者，詢問以下四個問題。）

2 請用五個字來形容你的父母親？

這題的答題內容很可能可以提供資訊，了解程式與反腳本（counter-script），以及已被認同的禁令或允許。

3 小時候你做了些什麼，父母親會對你生氣？

這題的答題內容可能會顯示出禁令或反腳本的命令（可能是正向或負向的內容）。它也可以指出，在這個家庭中有何種感覺受到禁止。如果你喜歡的話，你可以深入探詢，繼續詢問：「他（她）會怎麼表達他（她）的憤怒？」

4 小時候你做了些什麼，父母親會感到滿意？

這題經常會帶出反腳本的內容（不論正向或負向），也可能指出允許或禁令。同樣地，你可以深入探詢，繼續詢問：「他（她）會怎麼表達他（她）的滿意？」

52

5 如果你的父母親要為自己寫自傳，而你要為自傳命名，名稱會是什麼？

這題可能有助於揭露父母親的腳本主題或結局。仔細聆聽是否有任何跡象反映了父母親的憂鬱與困擾，特別是憂鬱的母親。

6 在你的家庭中，有無任何關於你出生的故事？

如果有的話，這個有關你出生的神話，可能會指出早期的歸屬與決定，並有助於解釋個案如何選擇生命定位。

7 （詢問這一題時，務必在進入下一個部分之前，釐清每個部分的答案。）你是否曾經想過自己可能會自殺、殺人或發瘋？

這一題是要檢查腳本當中是否存在一個或更多的悲慘結局。如果個案就任何一種狀況回答是，則應深入探詢以了解更多的細節。當下有些什麼事件，使得個案考慮以自殺、自傷、傷人或者發瘋來做回應呢？如果對任何一種選擇的答案也是肯定的，則應適度地探詢：「你有沒有這麼做過或試過？」

8 **你的墓誌銘會寫些什麼？**

這題的答題內容可以顯示出腳本的結局與核心的腳本主題。有時候則可以用來重新核對歷程腳本的型態。

9 **如果事情的進展並不順利，你通常會有什麼感覺？**

這題則可以直接核對個案的**扭曲感覺**。問題設計成邀請個案由**兒童**做回應，也就是經驗扭曲感覺的自我狀態。

10 **如果你繼續現在的方式過生活，五年後的你會是什麼樣子？**

這題的答題內容則提供更多的線索，了解腳本主題與結局。特別得要聆聽結局可能為自殺、殺人、傷人或者發瘋的徵兆。

特別是那些在腳本分析之前，已經接受過個人工作的某些個案，對這個問題的回答可能反應某種渴望脫離腳本的行動。

11 **如果有魔法可以達成你的願望，你希望如何改變，想要改變什麼？**

根據回答的內容，這題可以指出個案受腳本束縛的程度，或者察覺自我在生命目標上做了多麼局限的決定；抑或可以透露個案的**自由兒童**（Free Child）渴望哪種潛在的腳本行為，並指出如何踏出第一步，邁向改變的契約。

彙整腳本矩陣

當你透過問卷完成了第一道步驟，你便可以開始在白板上彙整腳本矩陣。我通常以反禁令作為開場白，如果有程式的話，再加上程式。最後我會列出禁令。我發現有個很好的構想，就是遵照 Goulding 夫婦的建議，羅列十二項禁令的清單（回顧第 1 篇第 4 節）。

067

回頭逐字地審視第一次回答問題的內容。你只是用它們作為完成矩陣的**起點**。現在則是遵循自己直覺的時候，運用它來了解個案的每一題答案代表了腳本的哪些意涵。針對第一次瀏覽時以底線標示的「有趣字句」，花點時間深入探討究竟有什麼意義。回頭參考你對個案非語言線索的紀錄。

與個案一起核對你所有的直覺性詮釋，然後跟著做出腳本矩陣。通常你和個案都會同意令你們感到「合理」或者「一見鍾情」的詮釋。如果你的特殊詮釋並未令個案「感覺正確」，一般來說最好是放棄它，或者暫時擱置，等候更多的證據再做判斷。

偶爾你會希望支持自己的判斷，認為個案正在防衛，拒絕認知某個特殊的腳本訊息。如果是這種情況，那麼不論如何還是繼續下去，把它寫在矩陣上，並向個案說明你這麼做的理由。

當你完成了腳本矩陣，你和個案雙方也都對此感到滿意，緊接著把完成的內容，抄錄到空白的腳本矩陣圖表中，也請個案抄錄一份到自己的空白圖表中。最後則將白板上所完成的矩陣，當著個案面前擦掉。

不要期待第一次就可以完美地做好腳本分析。矩陣初步的版本只是暫時性的指引。在與個案合作的過程中，矩陣的圖表可能會有多次的修訂，這點也要清楚地對個案說明。

關鍵
要點

- 本章描述如何使用簡式腳本問卷。在你的腳本分析實務工作中，選擇這一份或者其他版本的腳本問卷，並且持續應用在多位個案身上。如此可以提供回饋，琢磨自己蒐集腳本線索的技巧。

7 引導個案非例行性地封閉逃生艙

在這一章當中，我建議你應該將封閉逃生艙視為最關鍵的治療性介入。這部分需要透過你的密切觀察，並且判斷何時為最佳的時機；針對每位個案，運用最適合的方式介入。絕不可以只把它當作是機械性的動作，或者一項例行性的事務。

「例行性地」封閉逃生艙

實際上你可能會質疑，為何有人將如此重要的動作，只當作是例行性的事務。根據我身為督導者的經驗，我了解確實有些接受訓練的實務工作者，有這種錯誤的印象。為何如此呢？

我猜想錯誤可能源自於對「例行性」（routinely）這個詞彙的誤解。這個詞彙首度出現在 Harry Boyd 與 Laura Cowles-Boyd 著名的文章當中，這兩位實務工作者對封閉逃生艙的理論與實務有相當大的貢獻。他們在文章中曾經這樣建議：「應該儘早在治療的過程，例行性地促進**所有**個案封閉逃生艙。」（Boyd & Cowles-Boyd, 1980: 228; 原文中特別強調）。

我在著作 *TA Counselling in Action*（Stewart, 1989: 84）中，節錄了 Boyd 的文章內容，並且重複了他的詞彙，建議封閉逃生艙這項介入應當是交流分析諮商師的「例行性作業」。

而後，我便在擔任督導的工作中了解，至少有些接受訓練的實務工作者，已經以不同於 Boyd（和我）的觀點，建構「例行性」這個詞彙的意義。我們真正的意思是，不論帶來的問題是否

55

與自傷、傷人或者發瘋有關，你都應該建議所有的個案封閉逃生艙，把它當作是「標準化作業」。

我們的確最不希望這個歷程本身只被視為「例行性事務」，因而「機械性地說些言不由衷的話」。

「儘早」封閉逃生艙

或許是 Boyd 的另外一段話「應該儘早在治療的過程……」受到某些讀者太側重字義層面上的詮釋。我曾經聽過某些受訓學員的報告，他們在第一次會談便一視同仁地要求所有個案封閉逃生艙。有些人甚至把封閉逃生艙當作規則，換句話說就是，他們只跟一開始接受諮商就表示「同意」把三種逃生艙都封閉的個案合作。

實際上 Boyd 所謂「儘早」一詞的意思，是指盡可能在諮商過程的早期，透過全然一致的**成人**自我狀態，針對個別的個案進行此項程序。有些個案的確可以在第一次或初步的幾次會談中，便執行此項任務。對其他人來說，可能得花上幾個月甚至幾年，才可能達到適當的時機。封閉逃生艙的決定很可能就是這些人在諮商中的關鍵改變。

封閉逃生艙的指引

不論 Boyd 或我的說法，是否正如我所猜測般地被解讀，我都很高興有機會在此更正這些文獻。當你考慮如何在治療中定位封閉逃生艙之時，我會建議你遵循以下三項指導原則。

首先，不論個案所帶來的問題為何，你應該在治療適當的階段，建議**所有的**個案封閉逃生艙。只有在這樣的詮釋觀點下，才可以稱封閉逃生艙為「例行性事務」。要不然，都不可以任何其他的觀點，將它當成是「例行的工作」。對許多個案來說，封閉逃

生艙是個案改變相當關鍵的步驟。因此，你應該將此歷程當作是治療的重要步驟。這得要仰賴你所有的專業技術來面對個案的反應，並且判斷他們內心是否有所掙扎而顯得不協調。絕對不可能單由個案的幾句話，就能有效地確定目標是否已經達成。

56

其次，你應該在治療的早期，便提出封閉逃生艙的問題。然而，在與個案建立基本穩固的合作關係前，就要求他封閉逃生艙，再怎麼說也沒道理。尤其是**絕對不要**企圖將封閉逃生艙當作是「規則」。如此一來最可能得到的結果就是一種**兒童**自我狀態所做出、缺乏一致性的關閉，個案要不就只是順從你，抑或是準備好要反抗你。於是，你非但無法確定逃生艙是否關閉，也無法強行實行這項規則。（我知道自己正在重複第4章已經說過的內容，不過我認為反覆敘述這一點是值得的。）

第三，一旦判斷個案已經準備好，你就應該建議個案封閉逃生艙。當你這麼做的時候，你可能會發現個案協調、快速並且輕易地封閉了逃生艙。換成另外一種狀況，個案可能會拒絕，或者採取一種判斷起來並不一致的封閉。如果是後者這種狀況，則**千萬不要**急於做腳本改變的嘗試，工作的重點反而是面對這具開啟的逃生艙。

關於封閉逃生艙的一般性問題

在我從事督導的工作中，經常被問到與封閉逃生艙有關的一些問題。以下就是最常被詢問的問題，以及我的回答。

1 **人們是由哪個自我狀態來封閉逃生艙？**

答：根據定義來說，是由成人來封閉逃生艙。在封閉逃生艙的過程中，個體採取了成人的決定（而非「答應」或「約定」），不要自殺、自傷、傷人或者發瘋。

你將會了解 Eric Berne 何以視封閉逃生艙為社會控制（social control）的一種特殊狀況（Berne, 1961: 160-75）。運用成人的力量做決定，個體審慎地控制與壓倒兒童的衝動或者內在父母的命令，拒絕傷害自己或他人，抑或發瘋。

兒童或者父母自我狀態確實經常可能對成人的決定施予「高壓」，甚至有時會有十分強烈的反應（Cowles-Boyd, 1980; Stewart, 1989: 82-3）。我相信「高壓」並非只是一種象徵性的說法，而是一種逐字逐句的內在對話歷程。

要說某人「由成人決定封閉逃生艙，而非兒童」並不合理。就定義上來說，封閉逃生艙並非由兒童執行。有些個案很可能即使已經關了逃生艙，仍在兒童自我狀態中保留了自殺或者殺人的內涵。然而這些內容是可以經由再決定的方法適當地加以處理。這意味個案在處於兒童自我狀態時重新做了活著的決定，尊重生命與他人的安全，並保持在清醒狀態中（Goulding & Goulding, 1979: 55-61, 215-40）。這種再決定完全與封閉逃生艙不同。

2 我該如何確定個案已經全然一致地封閉了逃生艙？

答：這點你並沒有辦法「確定」，就好比無法「確定」生命中任何其他對事實的觀察。你能夠做的頂多就是運用觀察力，在個案經歷此過程時，仔細觀察與聆聽任何不一致的現象（Stewart, 1989: 85–90）。

因為沒有一個人是完美的，所以有時你可能會搞錯。要不就是可能在個案並未封閉逃生艙時誤認個案已經做到，要不就是個案已經關閉了而你還以為沒有。在合理的懷疑下，應該假設個案並未封閉逃生艙。不論如何，也要聆聽自己的內在對話，它可能正告訴你「要完美」。

　　重點是你要了解，諮商過程中對每一位特定的個案，都可以隨時回到封閉逃生艙的問題。於是，如果有任何跡象顯示，你可能誤以為個案已經封閉了逃生艙，你都可以再一次要求個案重複封閉的過程，同時你也得再度檢查是否有任何不一致的現象。

3 是誰封閉了逃生艙 —— 我還是個案呢？

　　答：是個案。而且一旦逃生艙封閉了，有責任維持逃生艙的封閉狀態仍舊是個案，而不是你。

　　這個問題並未如先前我所提到的經常被問起。然而，有時候仍會被提出，例如接受訓練的諮商師說了如下的陳述時：「我在第十次的會談時**封閉了個案的逃生艙**。」不對，諮商師無法封閉個案的逃生艙，而是個案自己封閉的。當然，或有可能個案並未封閉逃生艙。諮商師使用這樣的語言表達可能是個警訊，顯示他可能在歷程當中使用了**父母**自我狀態，而看似個案的「封閉」實際上是由順從或叛逆型**兒童**所做出的決定。

4 「硬性」與「柔性」的封閉有何差別？

58

　　答：我建議你絕不要使用這些詞彙。所謂的「柔性封閉」意味著對不同的人做不同的事，因此該名詞就沒有一致的定義。當個案並不願意全然一致地封閉逃生艙時，你可以注意可能出現了哪些真實的狀況。

　　首先，什麼是完全封閉？所謂封閉意味著 (1) **一致的**，以及 (2) **沒有時間限制的**。因此，你將了解如果個案並未完全地封閉逃生艙，他提出的「封閉」可能屬於以下三種型態之一：

1. 不一致，並且有時間限制；
2. 不一致，但並無時間限制；
3. 一致，但是有時間限制。

你會對前兩種封閉有清楚的反應：不一致的「封閉」就相當於沒有封閉。因此，這個封閉是否有無時間限制，一點都不重要。

個案一致地決定在未來某特定時間內封閉逃生艙，該如何面對第三種型態的案例呢？這種情況下，首先你得採取行動，確定個案所聲明的時間段落確屬特定而非含糊不清。（例如，你會如何處理這樣的承諾：「至少到下次會談之前，我不會自殺、自傷、殺人或傷人，也不會發瘋」呢？）如果需要的話，你可以要求個案加以澄清，直到你得到清楚而不含糊的聲明。當然你也要全程觀察是否有不一致的現象。

如果你促成了一致、特定、並有時間限制的封閉，那麼你可以視為在所聲明的特定時間限制內有了完全的封閉。在聲明的時間期限到達前，你並不需回頭重複詢問封閉逃生艙的問題。為了達到這個目的，在個案的治療紀錄中做個明顯的標示來提醒自己，不失為一個好方法。

關鍵
要點

- 對絕大部分的個案來說，封閉逃生艙的歷程是改變的關鍵要素，它需要你全力發揮專業技巧與判斷能力。不論所呈現的問題為何，封閉逃生艙對每位個案來說都屬必要。在此觀點，而且僅在此觀點之下，才可以稱之為「例行性」程序。

CHAPTER 8 以「首頁」形式保留個案紀錄

在本章我要提供你一種相當不錯的方法,即以「首頁」(front sheet)的形式編排紀錄,用來維護個案的資料。

什麼是「首頁」呢?它是一種以結構化的程序排列的資訊檔案,描述當下與某位個案合作的主要特徵。在交流分析的督導活動中,接受訓練的學員經常得提出工作中某段簡短的錄音樣本,並附帶一份逐字稿。為了提供資訊,學員通常也要提出一份摘要的文字描述,說明錄音內容中工作的主要特徵。學員將此資訊附在逐字稿的第一頁——因此稱之為「首頁」。

我在此建議你,首頁的格式不僅是用來彙整錄音樣本內容的資訊,也作為日常登錄個案治療紀錄的方法。隨著與個案一次又一次的會談,更新你所做的首頁紀錄。

首頁紀錄與接案紀錄的內容有所不同,使用的目的也不一樣。我曾在 *TA Counselling in Action* 一書當中,說明了典型的接案紀錄(Stewart, 1989: 41–3)。

首頁的版面編排

關於首頁的標準版面,並沒有正式的資料詳加描述。然而,以下所介紹的是最典型的版面編排。在我看來,它涵蓋了有效的首頁所需之所有關鍵要點。

你應該在首頁使用姓氏或假名,以維護個案的隱私(如果有附帶的文稿與錄音,也包含在內)。

我建議首頁的標題內容，應該包括以下的項目：

1.　個案關鍵的統計資料：

(a) 編碼或者姓氏；

(b) 性別；

(c) 年齡；

(d) 目前的職業：

(e) 目前的居住條件。

2.　治療工作的背景資料：

(a) 轉介來源？

(b) 治療處所（如果有所選擇的話，例如：私人診所或機構）？

(c) 團體或個別治療？

(d) 每次會談的時間長短？

(e) 截至目前為止已經完成的會談次數（或諮商的時數）？

3.　呈現的問題。

4.　診斷：

(a) 使用交流分析任何兩種診斷模型。

(b) 運用標準化診斷手冊，例如：《精神疾病診斷與統計手冊，第四版》（DSM–IV）。

5.　整體性契約。

6.　當次會談契約。

7.　工作的序言。

8.　工作的性質。

有些標題在字義上已經做了清楚的說明 —— 以下則是需要進一步解說的部分。

目前的職業與居住條件〔1(d) 與 1(e)〕

盡可能簡短地填寫這部分實際的資料。你也可以就個案對其職業與居住條件，初步地詢問其感覺的某些細節並加以記錄。例如：「會計師；工作愉快。與另一半珍及兩個小孩同住，小孩分別是五歲和三歲。關係整體而言 OK，但是有點憂心經濟問題。」

呈現的問題（3）

這通常是個案接受轉介前來之初所帶來的問題。在長期的心理諮商中，個案可能已經做了某些個人的改變；因此，所謂「呈現的問題」乃是指個案當下正在尋求解決的議題。你應該運用個案自己所使用的敘述或摘要的內容，簡短地加以描述。

使用兩種交流分析模型做診斷〔4(a)〕

腳本矩陣是實務工作（雖然並非必要）經常運用的一種交流分析模型（參見第 1 篇第 4 節）。另一套經常使用的模型是**扭曲系統**，現在也有人稱之為**腳本系統**（Script System）（Erskine & Zalcman, 1979; Stewart & Joines, 1987: 220–30; Erskine & Moursund, 1988; Stewart, 1989: 21–6）。

對診斷與治療都相當具有影響力的模型就是**歷程模型**（Kahler, 1979a, 1979b），其中涵蓋了 Paul Ware 有關人格調適型態的作品（Ware, 1983）。本書第 17 到 24 章將會描述如何運用**歷程模型**的細節。

其他可能的診斷模型包括**漠視矩陣**（discount matrix）（Mellor & Sigmund, 1975a; Stewart, 1989: 120-6）以及**共生**（symbiosis）的模型（Schiff et al., 1975）。

61

運用標準化手冊進行診斷〔4(b)〕

目前最常使用在交流分析工作的標準化診斷手冊是《精神疾病診斷與統計手冊，第四版》(*DSM-IV, Diagnostic and Statistical Manual of Mental Disorders, 4th edn,* American Psychiatric Association, 1994)。這本手冊的內容有如何使用診斷程序的詳細指示。

如果你從事私人開業的工作，你不會與受到嚴重精神障礙的個案合作。因此有些交流分析師不喜歡為個案做正式的 DSM–IV 診斷，他們覺得這可能會導致誤解，使得難以與只照顧有正式診斷之精神障礙者的其他專家進行溝通。有種理想的妥協方案就是使用某種語言形式：「第二軸：無診斷，但具有精神分裂型人格之部分特質」。

整體性契約（5）與當次會談契約（6）

我已經在第 2 篇的第 9 節當中，提綱挈領地描述了交流分析中契約的特性與目的。在第 4 篇的第 9 章至第 16 章中，我將提供建議，說明詳細的訂約技巧，也同時解釋整體性契約與單次會談契約間關係。

我要特別建議你在首頁紀錄中，同時間內應該只編列一份整體性契約。如果你與個案都對許多不同的重要契約目標已經達成共識，最好可以一次專注在一項目標上，並暫時「保留」其他的主題。同時就許多目標下工夫，是在觸動努力嘗試的驅力（參見第 18 章）。

工作的序言（7）

工作的序言應該是一段簡短的描述，說明這次工作進行的場景（或是錄音帶中聽到的內容）。有個不錯的檢視方法是問自己：

62

「如果有人對我或個案並沒有深入的了解，在聽錄音帶中這段工作時，我至少得告訴他們有關工作的一些序言，可以使他們一開始就了解正在進行些什麼？」切記，聽者已經閱讀了你對個案、治療處所、呈現的問題，以及整體性與單次會談契約的描述。因此所陳述的工作序言只需包含任何其他標題尚未涵蓋的重點。

典型的序言可能如下：「我邀請章小姐想像父親正坐在座墊上，與她進行對話。錄音帶內容一開始的情況是，章小姐更換了座墊，同時聽到她正模擬『父親』說話。」

工作的性質（8）

在這項標題下，請運用交流分析的名詞對工作進行描述。能提出以下的內容是不錯的構想：

- 基本的理論模型；
- 使用的技巧；
- 個案治療的結果。

以下有些可能的範例：

- 使用漠視矩陣以去污染（decontamination）。
- 早期場景的工作導致第二類型瘢結[1]的化解。
- 透過團體歷程的運用，面質再定義的交流。

在會談前後運用首頁紀錄

首頁的格式提供了一種簡明與結構性的方法，在每次會談後隨即記錄會談內容。它也是一種很好的備忘錄，可供下次與個案

1　譯註：Bob 與 Mary Goulding 夫婦提出瘢結（impasses）的理論，他們將瘢結定義為「兩個或兩個以上對立的力量所匯聚的焦點——卡住的地方」

（Goulding & Goulding, 1979）。Caroline Avery-Dahl 於 1997 年在 *Redecision Therapy* 一書中，對癥結的心理現象有進一步的描述，指出癥結是「當下一種令個體感覺卡住的處境」。個體處於癥結時，「感覺無力做改變，陷於一種無處可逃的困境，沒有其他解決問題的選擇」。

癥結通常源於發展過程的早期決定，個體在兒童時期僅具備有限的資源與能力，無法建設性與創造性地化解相互對立與衝突的心理動力，於是陷於一種動彈不得的癥結中。當個體卡在癥結時，「經常無意識地遵從兒童的早期決定，無法想像可以有不同的選擇，而是被他長期不愉快的感覺、局限的思考，以及無效或者不恰當的行為，局限在死胡同當中」。

Goulding 夫婦（1979）將癥結分為三種程度（degree）〔或類型（type）〕，分別命名為**第一度癥結**（first degree impasse）〔或**第一類癥結**（Type I impasse）〕、**第二度癥結**（second degree impasse）與**第三度癥結**（third degree impasse）。第一度癥結發生在個體的**父母**（P_2）自我狀態與**兒童**（C_2）自我狀態間，兒童拒絕遵從對立禁令的要求；第二度癥結則是更為早期的兒童（C_1）對禁令的反應，在人格的第二層結構中，兒童與父母（P_1）自我狀態在情緒層面產生了對立與衝突；第三度癥結形成的階段更早，個體仍處在尚未分離與個體化的自閉階段，主要的體驗來自於身體與感官，尚未能透過語言詮釋經驗，以及察覺問題起源於適應**父母**（P_0）的禁令，而將存在經驗為「生來如此」。

Goulding 夫婦（1979）採納發展取向的觀點來看待癥結，Ken Mellor（1980）則明白地強調癥結仍有其人格結構層面的意義。第一度癥結存在於第三階層的自我結構（third order ego structure）當中，乃 C_2 為了適應 P_2 的對立禁令所形成；該結構在個體具備基本的語言能力與身體功能，約在兩歲大以後的年齡之後逐漸形成。第二度癥結則存在於第二階層的自我結構中，為 C_1 因應 P_2 的禁令所造成；該結構約在個體四個月大到四歲的年齡之間形成，當時個體僅具有相當基本的語言能力與身體功能。第三度癥結與 Berne（1972）所謂的原始草案（primal protocol）有關，存在於第一階層的人格結構（C_0 與 P_0）中，通常形成於個體發展相當早期的階段，甚至可能是在出生之前。

雖然不同層次的人格結構，經常在特定的年齡區間發展成形。然而年齡並非形成不同程度癥結的絕對性指標，部分特殊的原因也可能導致在較為年長的時期，在早期發展階段形成的較深層之人格結構中造成癥結。例如壓倒性的心理創傷，可能貫穿三個層次的人格結構，同時激發個體在語意、情緒與身體經驗的對立衝突。除此之外，如果存在較深度癥結的前置因素，個體也容易在稍後階段的發展中，因故再度激發早期的深度癥結，而非形成符合該發展年齡經常出現的低度癥結（Mellor, 1980）。

開始會談之前進行查閱。在會談開始前瀏覽首頁紀錄，不僅可以提醒自己上回與個案合作的內容，也可以設想在這次會談要做些什麼。

顯然，第一次會談就可以獲取首頁內容的部分細節，而且（一般來說）也都不會有什麼變化，例如：個案的姓名。但是絕大部分編列在首頁、與諮商領域有關的重要項目，都會在經過幾次的會談之後做修正，並且在接下來的會談之前做計畫。

首頁內容核心關鍵的焦點是得要**協調一致**。也就是：許多針對相同主題片段的資訊是否彼此「一致」？以下有些問題可供你在每次會談結束並完成首頁紀錄之後，詢問自己或者用它來規劃接下來的會談：

1. 治療**安排**是否仍屬恰當？例如：我是否應該安排個案接受團體治療，而不是個別治療？是否運用不同的頻率或不同時間長度的會談？

2. 我現在對個案的**診斷**是否仍符合個案目前的狀態？還是需要回顧或改變我對個案的診斷？

3. 我運用兩種交流分析模型所做的診斷，以及根據標準手冊所做的診斷，內容細節是否彼此呼應？例如：如果我判斷個案的腳本矩陣包含「**不要成功**」的禁令，我對其**扭曲系統**所形成的印象是否顯現「我永遠無法成功」的**自我信念**，或某些類似的內容？

   或者，假設將個案歸類為**歷程模型**中**懷疑論者**的人格調適型態（Sceptic adaptation）（參考第 19 章），腳本矩陣是否有反禁令中之**要完美**與**要堅強**呢？而且，他有沒有至少顯現出某些人格特質，可以符合 DSM-IV 中**妄想狀態**（Paranoid）的診斷呢？

4. 根據我目前對個案做成的診斷，現在我與個案訂定的**整體性契約**「有沒有道理」？（參考提供這項重要問題解決方法的第 23 章）

5. **單次會談契約是否清楚地促進整體性契約的達成？**

在使用首頁格式回顧過去某次會談時，你可以回溯這些問題，並詢問自己。你也可以在規劃接下來的會談時，事先加以閱覽。例如：考慮過目前的診斷並判斷自己是否仍然滿意之後，你可以檢驗整體性契約是否仍與該診斷並行不悖。接著你可以繼續思考在接下來的會談中，該促成何種單次會談契約，以推動個案完成整體性契約。

64 ## 運用首頁作為自我督導的工具

首頁紀錄是一種自我督導的良好工具，可以幫助你分析會談工作的錄音內容，了解期間發生了什麼事。我極力推薦你考慮整合錄音與首頁兩者，而非視其為兩項獨立事務。當你依照目前的診斷，以及與個案合作欲完成之整體性契約的觀點來考慮，錄音帶中聽到的介入與反應，可能只是「有道理」罷了。

在此同時，你可以再度回顧「**治療三角**」（第 2 篇第 10 節）。首頁紀錄是種持續檢驗**治療三角** —— 契約、診斷與治療方向是否協調一致的好方法。

關鍵要點

- 以「首頁」的形式維護個案的檔案資料。
- 隨著工作的進展更新紀錄。利用首頁持續地檢驗契約、診斷與治療方向是否協調一致。
- 你可以同時使用首頁作為短期與長期治療計畫的指引，它也是一種自我督導的有效工具。

第4篇

⤳ 訂定契約 ⤳

　　訂定契約乃是交流分析中個人改變的關鍵核心。當你與個案　　65
彼此就某項改變達成強而有力的約定時，便已經象徵性地完成了
絕大部分的工作。相反地，如果並未有效形成契約，成功的改變
將只會是個意外。

　　然而，根據擔任督導的經驗，我了解契約訂定是交流分析諮
商中最常出錯的領域。這又是為什麼呢？

　　我相信問題在於交流分析中，有關契約訂定絕大部分被接受
的智慧，並未呈現當代最有效的實務技術。換句話說，當資深的
交流分析師訂定有效的契約時，他們大部分的作為卻與目前相關
書籍內容告訴我們該採取的行動大相逕庭。

　　本篇著述的目的是為了補救此部分的錯誤。我將在本篇的八
章內容當中，提出現今交流分析學界針對訂定契約所描繪之最佳
實務技術指引。為了達成上述的目標，我在本篇所提出的建議並
不是「新」的方法，而是要說明交流分析中有效實踐契約訂定者
的作為。

　　然而，我會把某些熟悉的原則與定義做些修正。我特別將舉證說明，傳統上使用在契約訂定的某些至為關鍵的詞彙，其意義並不明確。因此，我會建議使用某些更為精確的新詞彙取而代之。

　　我在本篇的討論中所應用的所有概念與名詞，彼此間都有相當密切的關聯。因此，我的建議是一開始的時候先逐章（第9章至第16章）閱讀，然後再回頭更仔細地思考每章的內容，你會發現這麼做將很有成效。

本篇內容預習

　　我假設你在閱讀本篇之前，已經了解渴望與目標間的差異（第5章）。而你現在的興趣在於考慮如何使你與個案可以由目標轉往契約。

　　我藉由質疑 Eric Berne 的名言：「交流分析可行的契約必然總是以行動（actions）為標竿」，開始第9章的論述。實際上並非如此簡單，在交流分析當中，有效的契約經常是與成果有關。我因而指出行動契約（action contracts）與成果契約（outcome contracts）間的清楚區別。

　　第10章則更為詳盡地檢視成果一事。我提出建議，說明如何運用我的成果矩陣（Outcome Matrix）模型，讓你可以追蹤所期待的多項成果。

　　每個人都知道交流分析的契約必須要「清楚」。然而我們會在第11章與第12章中持續追問何謂「清楚的契約」？交流分析傳統上對契約內容的要求是「關於行為層面，而且可供觀察」。然而一旦我們了解有許多好的契約是為了成果而非行動，這項標竿便因此失去了功效。成果是可以被觀察的，但是並非屬於行為性

質。在這兩章當中，我所得到的結論是：應用來描述契約的「清楚」這個形容詞本身就不清楚。我在此提出兩個新的詞彙來描繪有效的契約：契約應該是**以感官為基礎**（sensory-based）（第 11章）並且是**可完成的**（finishable）（第 12 章）。

在交流分析諮商中，許多個案最重要的目標會與腳本改變有關。這便指出了一項困境：為了改變腳本所做的契約既非以感官為基礎，也不可完成。我會在第 13 章提出建議，說明如何使用以感官為基礎，稱之為**指標**的契約聲明，來解決這項困難。

第 14 章則解釋如何在**具備彈性**下仍保持契約的精準性。在第 15 章當中，我會著眼於訂定契約的某個重要面向，這個部分至今仍未受到交流分析文獻的重視，即所謂：個案將在何種**脈絡**（context）下實踐契約？

最後，我在第 16 章會描述一種形象化（visualisation）的技巧，幫助個案在想像中「將契約活化」。

CHAPTER 9 區分契約的成果與行動

我在本章會引導你清楚地區分契約、成果與行動。以下是我即將闡釋的四個重點：

- 成果有別於行動。
- 契約既不等同於成果，也異於行動。
- 交流分析**不但**可以為了成果訂定契約，**也**可以是為行動訂定契約。
- 然而，如果契約的目的是為了達成某項成果，則必然至少得受到一項行動契約的支持。

在做第三項聲明時，我正是在指出一種異於 Eric Berne 所使用的「契約」定義。我會在以下的篇幅中更進一步討論。

縱貫本章內容以及隨後的幾個章節，我將會交替地使用「目標」與「成果」這兩個名詞。

成果有別於行動

當個案完成了目標練習的作業，你可以幫助他了解重要的觀念，即何謂**成果**有別於**行動**。

例如，個案擁有幾項三年目標，其中之一可能是「找到一份新工作」。然而這段敘述一點都沒提到他要**做些什麼**來達成目標。「找到一份新工作」描述的是一項成果，並非一組行動。

　　因此，在改變當中緊接的關鍵步驟，就是考慮有助於達成他所渴望之目標的某些行動。為了這位想要找到新工作的人，可能需要某些行動：

- 購買地方版報紙，並閱讀徵才廣告。
- 書寫履歷並且印刷製作。
- 閱讀與應徵面談有關的書籍。

　　成果與行動間的某項顯著差異就是：成果指的是**事務的狀態**（states of affairs）；相對地，行動乃是關於**行為**（behaviours）。另一項差別則與過去、現在和未來的三項時間結構有關。行動發生在**當下**，而成果則關乎**未來**。這就是另一項成果與行動間的關鍵差異。

　　但是契約是否可以符合以上所有的標準呢？它們是與成果有關，或是行動呢？抑或**應該**與成果有關，或是與行動有關呢？

交流分析的契約是與成果或是行動有關呢？

　　你可以回顧第 2 篇第 9 節的內容，其中提及 Eric Berne 將**契約**定義為：「就清楚定義的行動歷程，達成之明確的雙邊承諾。」這使得質疑沒有任何存在的空間，至少對 Berne 來說，契約**總是**被限定為某種行動的共識。

68

　　但是行動的目標究竟為何？就這點來說，Berne 的定義則未加任何的說明。我們頂多也只能猜測他是在暗示，指出參與契約的各方也都同意某項渴望的成果。然而這種猜測可能是具有危險的跳躍式信念。

　　兩個人在缺乏行動**目標**的共識下，就可以彼此清楚地同意某項「行動歷程」，一眼看來似乎就不合理。不論如何，在交流分析諮商變得鬆脫失靈時，很可能正好因為個案與諮商師雖已就某項

行動歷程達成約定，但是卻對行動目標有不同（未被陳述）的想法。

務實地修訂 Berne 的構想

根據我的經驗，交流分析實務工作所訂定的契約，經常未能符合 Berne 所定義的標準。因此，我謹此一次有別於交流分析創始者的智慧，提出以下兩項修訂後的原則：

1. 交流分析**不但**可以為了成果訂定契約，**也**可以是為行動訂定契約。
2. 然而，如果契約的目的是為了達成某項成果，則必然至少得受到一項行動契約的支持。

我會進一步解釋為何要提出這兩項新原則的理由。簡單地說，我將使用**成果契約**與**行動契約**這兩個詞彙，分別指涉為成果所訂定的契約，以及為行動所訂定的契約。

交流分析不但可以為了成果訂定契約，也可以是為了行動而訂定契約

我做這項修定，只因為在實務上要進行有效的交流分析諮商，一般人不僅要同意將採取何種行動，也經常要就所渴望的成果達成共識。當然，我會更加深入地闡釋以下的想法：我認為促成個體改變最為關鍵的契約，很可能是要以成果為中心而非行動。

例如，讓我們回到以找到一份新工作為目標的個案身上。如果他與諮商師達成共識的契約內容僅僅表示：「我將要在三年內找到一份新工作」，他們並未就個案將要採取哪些行動達成共識。這份契約的文字內容直接指出個案所聲稱的成果，它以某種期待方式指出一種有別於現狀的事務狀態，並且無庸置疑地描繪了個案

這一方清楚、特異、可觀察到的改變。這項改變是以成果而非行動的形式來呈現。

成果契約必須受到行動契約的支持

為何每件成果契約至少要一項行動契約的支持呢？倒是有個直接而顯著的實務理由可以用來做解釋，那就是：唯有透過**實踐**某些事務，個體才可能與這個世界互動。如果我的成果契約是「找到一份新工作」，那麼必然至少得實踐某項行動，才可能幫助我達成目標；如果我沒有採取行動，也就不會有任何新鮮的事發生。

成果契約中有項變異，也就是採取行動的重要性可能未必如此顯著。這類成果契約或許就像以下的案例：

- 「我要在大眾面前演說時**感到舒適**。」
- 「我要全然地**經驗自我**，成為一個可以親近別人的人。」
- 「我要在所有覺察的層面，**了解**自己可以同時維持健康，而且仍然可以獲得他人的關注。」

諸如此類的「感覺契約」當中，所討論的是個案的內在經驗，其渴望的成果本身並無法加以觀測。這種改變後的經驗很可能就是個案最渴望的成果，而且在某種程度上，這也會是一種契約的適當陳述。

然而如果個案**所做的事**並沒有任何差別，那麼這世上的其他人將無法了解他是否有了不同的經驗。如果其他人並未了解到這一點，那麼也就很可能會持續以個案還沒有改變其經驗之前的習慣方式回應他，因此很可能讓他更難以維持所期待的改變。

例如，以這位「想要在大眾面前演說時感到舒適」的個案為例。假設他在諮商中有所進展並且改變了他的內在感受，使不舒服的感覺轉化為某種舒適的感覺。然而，假設在別人**看來和聽**

來都認為他並不舒適，他的聽眾很可能會有某些不自在的反應，一如在他仍然感覺不適時的回應。當他注意到聽眾看起來並不自在，他就會更難維持他自己舒適的內在感覺。

為了排除這項困境，個案可以選擇一項或更多的行動契約，外顯地對他人（包括諮商師）**展示**已經達成之內在經驗的轉化。

例如，這位具有成果契約為「我要在大眾面前演說時感到舒適」的個案可以採取如下的支持性行動契約：

- 就在這個團體的當下做角色扮演，進行一場演說。
- 在我傍晚的課程中做五分鐘的演出，並在下次會談時告訴你（諮商師），我在實踐過程當中的感受。

這種行動契約是以展示成果的形式呈現，顯示成果契約已經完成（或者正在完成的過程中）。我會在第 13 章描述**指標**時做更多的說明。

行動文字創造行動經驗

我提出一個比較不明顯卻同等重要的理由，說明為何有效的契約訂定至少得形成一項行動契約。那是因為**文字創造了經驗**，因此個案在制定契約**文字**的當時，也必須在內在創造出這種促進改變的**行動經驗**。

有時候個案帶著一個十分清楚的想法前來接受諮商，希望可以獲得渴望的成果，但是卻未能成功地達成目標。這經常是因為他們雖然標定出渴望的目標，但是卻未決定採取行動來達成目標。

當他們確實形成了行動契約，便有助於自己開始**做**些事情來達成目標。他們也實踐了另一項行動，藉由形成行動契約的文字，必然重新建構了他們的經驗，體會確實**可以**採取某些行動來

達到積極的改變。「行動文字」（action words）本身為個案創造新的「行動經驗」（action experience）。新的經驗本身便是個人成長的某種強大助力。我們將再度看到個案掌握「方向盤」，「推動自己跨越」改變的歷程。

關鍵要點

- 有效的交流分析契約，既可以是為了成果，也可以是為了行動而訂定。
- 在個案為了成果的主要契約中，必須受到至少一項行動契約的支持。

10 記錄多項成果：成果矩陣

　　在兩個人彼此間的任何協議中，考慮的可能成果不只有兩項，而是有**四項**。

　　為何如此呢？因為當你跟我進行協商時，我的腦海中會有一項期許自己的成果，也會有一項關於**你**的成果。相對地，你的腦中則會有項期許自己的成果，也會有一項關於**我**的成果。

　　我運用了這項理解來建構一套稱之為「**成果矩陣**」的模型。我發現它用在澄清契約訂定的歷程時相當有效，特別是有超過兩方以上參與契約的時候。在本章當中，我會描述所謂的**成果矩陣**，並提供如何運用的建議。

兩個人的成果矩陣

　　想像某位個案正前來接受諮商的情境。你已經完成了接案的程序，並且要求個案製作一份目標清單，好讓彼此發掘個案想要透過這項合作達成什麼目標。此刻，你可以製作成果矩陣最簡單的格式，呈現在圖 10.1 的一種二對二的模型。

　　成果矩陣的圖表包含兩欄內容。每欄均列出參與成果協議的人（有時候是團體或組織）。除了頂端的標題之外，這兩欄彼此精確地相互對應。左邊欄位的標題為「期許**自己**達成的成果」，右邊欄位的標題為「期許**對方**達成的成果」。

　　左邊欄位中每個方格都有指向右邊欄位的箭頭。每一個箭頭都代表某人期許**自己**，以及自己期許**某人**達到的成果。成果箭頭

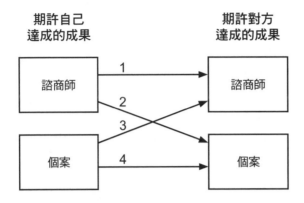

期許自己
達成的成果

期許對方
達成的成果

諮商師 → 1 → 諮商師

2

3

個案 → 4 → 個案

圖 10.1 兩人的成果矩陣（僅呈現社會層面）

都依照垂直方向的順序標定數字符號。你可以在圖表下方或在另一張紙上列出每項成果的內容，並以箭號上的數字符號做標示。

個案期許自己達成的成果

72

很自然地，第一眼所見的顯著焦點將會落在個案想為自己成就的成果上。如果以成果矩陣的詞彙來說明，就得轉譯為「個案期許自己達成的成果」。它相對應的是圖 10.1 當中的成果 4。這項初步轉介時的成果內容，最可能是個案前來諮商時的種種渴望之一，例如「獲得自信」、「終止好辯的行為」、「減輕體重」等。

在交流分析契約訂定的傳統歷程中，這經常是個案與諮商師唯一專注的成果。諮商師可能以個案為自己陳述的成果開啟治療，並直接地帶領個案進入轉譯的工作，將其渴望的成果轉換為可以適當陳述的契約形式。然而，如此便忽略了仍有另外三項迫切的成果有賴協商的事實。我的經驗是，專注在其他這些成果經常可以豐富契約訂定的歷程。

諮商師期許自己達成的成果

考慮圖 10.1 的成果 1：你渴望在諮商關係中為**你自己**成就的成果為何？你可能會有超過一個以上的成果，它可能是「賺取治療費用」、「避免訴訟」、「享受專業技術的執行」，或者其他許多的可能性。

如果發現你為自己所陳述的成果一如「治癒個案」之類，那麼事實上你正把自己的成果送給了個案，而不是為了自己所成就的成果。果真如此，我的建議是：值得費點時間建立實際上屬於自己的成果。

為了達成這項目標，你可以運用問句加以檢驗：「做這些……（例如：治癒個案）當中，有什麼部分是為了我自己呢？」不論你多麼地認同利他主義，你心裡總得有些為了成就自己的成果；如果你心裡面不存在利己的成果，那麼就不是在執行諮商工作。

藉由建立利己的目標，你將自己安置在較佳的位置，以便詢問與回答某些重要的問題。例如：

- 現在我了解自己為何要做這些事了，我還想要繼續做嗎？
- 我是否想要繼續以我意欲的方式執行下去呢？
- 與個案所建立的契約，確實是讓**我自己**與**個案**各取所需的好方法嗎？

最後一題似乎令身為諮商師的自己感到詭異。但是我相信它反映了交流分析基本的哲學原則之一：「我好，你也好」。此標語的關鍵部分在於「我好」的部分，而這裡的「我」指的是諮商師。

藉由察覺自己所渴望的成果，你也減少了與個案溝通當中心理層面的不一致。我會在以下做更進一步的說明。

諮商師期許個案達成的成果

圖 10.1 當中的**成果 2** 是**你**希望為個案達成的成果。傳統交流分析契約制定的脈絡，焦點經常是放在要求個案「為自己想要的目標」訂定契約，而這種概念第一眼看來似乎再次令人感到陌生。然而實際上整個契約協商過程的前提是：你對個案已經擬定了期待的成果，而且這些成果（剛開始）可能有別於個案對成果的渴望。如果並非如此，那麼便無需任何契約**協商**的過程；將會一直根據個案最初的選擇簡單地制定了雙方的契約。事實上，你與個案都對**期許個案**達成的成果有了共識，或至少彼此都願意接受，雙方同意的契約乃是彼此對共識的一種肯定。

為何你期許個案達成的成果很可能迥異於個案對自己的期望呢？在你的判斷裡可能會有項顯著的理由，也就是個案最初所陳述的目標，很可能相當程度地陷於助長其腳本的危險之中。

例如，某位有工作狂特質的個案，可能來要求你告訴他如何適應每天更多的工作量。你的判斷可能是任何此類型的契約，只會使個案更深陷其**努力工作**的對立腳本當中。因此，你期許他達成的成果，可能正好與他對自己的期許相反：換句話說，就是要他發掘方法，允許自己**減少**在工作上的努力。你的契約協商會由這個地方開始。

你可能會再度面臨個案最初為自己設定某個令你厭惡的目標，或者將使你涉入某些你認為並不專業或缺乏倫理的活動中。例如，他可能來要求你幫助他販賣更多實際上並不需要的東西給別人。在這種情況下，你為個案所設定的目標可能是讓他尋找另一位諮商師，或者以完全不同的方式滿足他的需求。

74

個案期許諮商師達成的成果

　　在圖 10.1 中的成果 3 所展示的變更，可能是在傳統的契約訂定上最少會被帶到覺察層面的部分。為何個案心裡確實會有某些對諮商師的期許呢？很肯定的，個案可以察覺自己想要諮商師陪在身旁，提供協助並說明如何從諮商中得到收穫。然而，這些渴望表達的是歷程而非成果。

　　Eric Berne 為這項問題提供了解答。他指出絕大部分的人前來接受心理治療時，他們渴望──超乎其覺察範圍──諮商師應該扮演其（個案的）腳本的某個角色（Berne, 1972: 304）。於是這也可能是某種表達的方式，說明了個案期許諮商師達成的目標為何。

具備心理層面成分的成果矩陣

　　稍早我曾經指出，個案渴望諮商師成就的結果，可能存在於心理層面，或在心理層面進行溝通，並不是在社會層面。這點領悟促使我們提出一套具有心理層面的成分、屬於兩人的**成果矩陣**模型。我們再一次重申，參與契約訂定的每一方，都渴望自己與他人達成某些成果。不論如何，現在我們可以看出來，每個「渴望的成果」都可能包含一個社會層面所渴望的結果（在覺察範圍內），以及另一個心理層面所渴望的結果（超越覺察的範圍）。我在圖 10.2 當中分別以實線與虛線的方式表達這兩種期待。除了虛線象徵心理層面這一點之外，這些箭頭與交流圖譜中向量符號所表示的意義並不相同（回顧第 1 篇第 2 節內容）。一如稍早的說明，這裡的箭頭不過指出「A 個體渴望 B 個體達成某種成果」罷了。

　　於是，在這簡單的兩人案例當中，圖 10.2 確認了個案在社會與心理層面，分別渴望自己與諮商師達成某種成果。諮商師心裡也對自己與個案有其相對的期待。

75

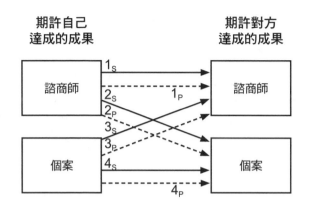

圖 10.2 兩人的成果矩陣（社會與心理層面）

　　研判個案與諮商師心理層面所渴望的結果，也就是腳本分析的任務。結果有無限的可能性，以下是某些可能的內容：

- 諮商師期許自己（1p）：「克服萬難治癒個案，藉此對內在母親（internal mother）證明自己不論如何都是 OK 的。」
- 諮商師期許個案（2p）：「他是個乖孩子，很快就會痊癒的。」
- 個案期許諮商師（3p）：「她從書桌的抽屜拿出一個神奇的寶球送給我。」
- 個案期許自己（4p）：「找到比第一個母親（the first mother）更好的另一位母親。」

76

　　與個案訂定契約的早期階段，你會發現繪製如圖 10.2 的成果矩陣，對你與個案都會很有幫助。你因此可以在社會與心理層面，比較每個人心中對自己與他人的期待。隨著諮商的進行，你可以定期重複這項作業，觀察矩陣中每件期待的成果是否已經有了改變。

訂約者超過兩方的成果矩陣

諮商契約的訂定，經常有超過兩方以上的參與者。例如，非單純的私人執業，而是在機構中進行的諮商，至少會有三方參與契約的訂定：個案、諮商師與機構。當治療費用並非個案自行負擔，而是由外部資源供應時，也會有相同的情況。你或許會關心，當某些工作場所甚至有超過三方以上的契約參與者，情況又會是如何。

Eric Berne（1966: 16）在其著作中便相當有洞見地指出，這種多方的契約訂定，可能會引發困難的處境。他過去便指出，有時候參與契約的「一方」，可能並未清楚地給予界定；例如，在某處機構工作的諮商師可能並沒有清楚定義的職務。Berne 指出，不論是否在社會層面做了界定，參與的各方仍可能在心理層面有其「隱藏的議題」。

Berne 對這個問題開立了處方，要求實務工作者應該確定所有參與工作的人都立下清楚聲明的文書契約。而我則提供額外的看法，建議諮商師應該就自己及對他人的期待，繪製一幅**成果矩陣**。應該盡可能地填滿社會與心理層面成果的內容。圖 10.3 顯示如何在醫院體系下的諮商工作中使用**成果矩陣**。為免讓整個圖形看起來太過擁擠，我只繪製了用來標示社會層面成果的箭頭符號。不論如何，關鍵時刻也要有全部契約參與者三方的心理層面之成果。你可以想像並列出十八種成果的種種內容，製作一幅成果矩陣。

77

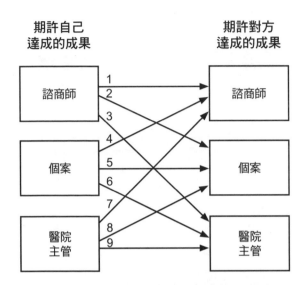

圖 10.3　三方成果矩陣的圖例（僅呈現社會層面）

- 在契約訂定的早期階段，為自己與參與契約的每一方繪製一幅成果矩陣。
- 你不僅可以納入社會層面，也可以涵蓋心理層面的成果。

CHAPTER 11 確定契約是以感官為基礎

在本章的引言中，我要建議你採取更有意義的做法，確保契約是**以感官為基礎**，而不要再追求傳統所謂「清楚、可觀察，以及具有行為特性（behavioural）的契約」。然而，該如何促使契約具備感官的基礎呢？這項特性又為何如此重要？以下，我將處理兩個問題。

何謂以感官為基礎的契約？

在已經過世的 Laurence Collinson 所主持的工作坊中，我學到如何根據感官的基礎訂定交流分析的契約。他的教學引用 Richard Bandler 與 John Grinder 有關神經語言學著作的內容，特別是與 Bandler 和 Grinder 稱之為**後設模型**（meta-model）的一組語言工具有關（Bandler & Grinder, 1975）。

Collinson 指出，有效的契約需要以感官為基礎。這意味著契約內容應該以一種運用五官的功能檢驗其成果的方式做陳述。我們可以透過看到、聽到、生理上感覺到（physically feel）、聞到，或者嗜到，來確定是否已經實踐了契約的內容？果真如此，這個契約便是以感官為基礎；如果做不到，就不是以感官為基礎。

在描述這五種感官的功能時，我使用的名詞是「生理上感覺到」，而非簡單的「感覺到」。這裡所要強調的「感覺」是所謂「生理上的感覺」，而不是「情緒上的感覺」。你可以由以下熟悉的對話中，了解這裡所要強調的關鍵意義：

諮商師：所以，你跟我要如何知道你正以自己所期待的方式
　　　　「更為接近他人」？

個　　案：喔！我就是感覺到自己更接近他人了。

「以感官為基礎」有別於所謂具有「行為特性」

　　「以感官為基礎」並不必然等同於具有「行為特性」。舉例來
說，稍早的章節當中，我們曾經討論過一個案例，他表示「我要
在三年內找到一份新工作」。這段陳述便是以感官為基礎。任何一
個人都可以看到或者聽到，了解這個人是否在時間內成功找到一
份新工作。然而它並不是具有「行為特性」的陳述：「找到一份新
工作」這段敘述表明的是結果而非行動。

　　這讓我們得以回顧第 9 章曾經提過，有關成果契約與行動契
約的差異。「找到一份新工作」的契約是一種成果契約，而非行動
契約。於是，我們現在便可以理解：成果契約與行動契約一樣，
都可以根據感官為基礎。或者，有另一種說法就是：契約可以根
據感官為基礎，但並不必然具備行為特性。

　　無可否認地，我們所列舉的個案，為了要找到他的新工作，
將得投入許多不同但是適當的行動（例如：書寫履歷表、遞交原
工作的辭呈、搜尋徵才廣告⋯⋯等）。其中任何一項行動本身，都
可以成為行動契約的主題。這些行動契約**既可以**具備行為特徵，
也可以根據感官為基礎。

　　事實上，顯然任何一種特殊行為的陳述都必須以感官為基
礎。因此傳統交流分析所謂行為性的契約，必然地總會以感官為
基礎。在這一章當中，我所要提出的就是，有許多其他有效的契
約陳述都是以感官為基礎，但是並不具有行為特性。事實上，以
感官為基礎才是有效契約訂定的關鍵。

79

以感官為基礎的契約為何重要？

運用以感官為基礎的詞彙來陳述契約的內容，為何如此關鍵呢？答案是：只有以感官為基礎的契約，可以讓我們某種程度地受惠於契約的方法。以下將說明這些好處：

首先，透過契約性質的工作，你與個案共同並且**明確地**致力於達成治療目標與方法上的共識。你將會了解，唯有你與個案雙方都明確地知道所將達成的共識，你才有可能「同意」與個案進行合作。也只有透過以感官為基礎的陳述，你才可能確定如此的做法。換言之，唯有雙方都詳細地了解在事情完成時，將會看到、聽到，以及生理上感覺到些什麼，你與個案才有可能就目標形成共識。

契約方法的第二個目的，就在於彼此都會了解何時完成了合作的目標 —— 時間就在於個案完成約定的目標時。根據我已經提出的觀點來看，顯然唯有以感官為基礎所陳述的契約，其目標也才能夠被理解。

契約方法的第三項優點，在古典交流分析文獻中較少受到重視，但是依我看來卻十分重要。這項優點在於陳述契約的目標可以促使你與個案將契約內容**形象化**（visualisation）。它有助於雙方建構一幅心像（mental set），進而強化目標的完成。所有想像技巧的特點都在於運用感官的功能，越是豐富細膩的感官內容，越能發揮這種技術的效果。因此，擬定一份以感官為基礎的契約，可以將這項優點發揮到極致。（在第 16 章當中，我將闡述一種形象化的練習，可以運用在契約制定上。）

哪些特徵妨礙了運用感官作為契約的基礎？

以下有某些檢驗的焦點，可以用來判斷某句陳述是否真實地以感官為基礎。透過排除的程序，你可以判斷有哪些陳述是依循感官的基礎。

初次面談時，可能只需要詢問一般性的問題：「這段陳述是否表示某些可以看到、聽到、感覺到、嚐到或聞到的東西呢？」這句話確實成為相當實用並且經常使用的開場白。答案如果是否定的，表示問題中的陳述**並非**根據以感官為基礎。

不論如何，文字並非所描繪的事件本身，其中可能隱藏著陷阱。接下來所描述的檢驗焦點，全部都是設計來凸顯**看似**運用感官所做的觀察，但事實上卻並非如此的文字描述。

不明確的形容詞

例如，以下這段陳述：「我將成為一位友善的人」看來如何？乍看之下，似乎是以感官為基礎：沒錯，任何人都可以看到、聽到、生理上感覺到某人是否友善？

然而事實上，因為「友善」這個形容詞，對不同人來說可能具有不同的意義。對我而言，友善的行為可能是指見面時的握手；而對你來說，則可能是擁抱與溫暖的問候。因此你所賴以檢驗的感官標準，可能跟我所採用的完全不同。在契約訂定的場域中，某些不明確的形容詞，還包括「溫暖」、「親密」、「成功」與「自信」等等。

在契約訂定的過程中，藉由兩個問題的提問，可以檢驗這種模糊性 —— 其中之一是詢問自己的問題，另一個則用來詢問個案。詢問自己的問題是：「有關個案提到的這個字彙，在他的腦海

81

裡所看到、聽到或感覺到的東西，有沒有可能跟我所看到、聽到或感覺到的並不一樣呢？」

如果回答是「肯定的」或「有可能」，那麼你便可繼續以第二個問題詢問個案：「因此，在你已經得到想要的東西時，別人該如何了解你已經達成目的了呢？」

在個案回答問題時，針對所有不明確的形容詞，依序檢驗個案的答案。如果你聽到任何不明確的形容詞，請依序詢問上述相同的問題。繼續地問問題，直到個案給你以感官為基礎的陳述，說明在他完成渴望的改變時，別人將可以看到、聽到及生理上感覺到些什麼。

反覆詢問相同的問題也經常有其效果，可以採用以下的問句：「你要如何知道*自己*已經達到目標了呢？」如同先前所採取的方法，持續地問問題，直到個案回答將如何運用五官的功能檢驗達成願望與否為止。

🍂 被當作動詞的名詞

不僅是形容詞容易出現這種模糊的現象，個案可能經常使用諸如「回饋」（feedback）、「決定」（decision）、「選擇」（options）、「幫助」（help）、「成功」（success）、「關係」（relationship）或「舒服」（comfort）等名詞，同樣地也會發生這種模糊的現象。此等名詞具有其共同性，它們所指涉的都是**事物**（thing）而非**歷程**（process）。

如果聽到這些錯置的詞彙，你可以詢問某些問題，引導個案注意隱匿在名詞背後，具備動詞性質的意涵，進而延伸出對該文字的詮釋。例如：

- 「你希望我做什麼，好讓你可以明確地知道，自己獲得了某種自認為有效的**回饋**？」
- 「為了要做出想要的**選擇**，你得要發掘些什麼呢？」
- 「當你已經做了這項**決定**，我要如何才能知道你正在身體力行呢？」

🍃 不明確的動詞

　　動詞本身可能並非以感官為基礎。例如「討論」（discuss）、「幫助」（help）、「回饋」（fead back）、「經歷」（experience）、「決定」（decide）、「下工夫」（work on），還有無關於身體感覺，而與契約訂定密切相關的「感覺」（feel）。

　　此刻，為了澄清而得再度做的反應，就是要求個案使用以感官為基礎的詞彙，定義此一非感官性質的動詞，並且維持這樣的詢問，直到你跟個案都了解在達成目標時，你跟他將會看到、聽到與感覺到什麼。例如：

個　　案：我要在與上司談話時感到輕鬆愉快。

諮商師：很好！所以當你跟上司講話感到輕鬆愉快時，你要怎麼知道自己的感覺是輕鬆愉快呢？

個　　案：請你再說一遍好嗎？你所謂「我要怎麼知道」是什麼意思？

諮商師：好的，截至目前為止，你告訴我的是，你跟上司講話時感覺並不自在。而你現在希望可以感到輕鬆愉快。所以，你要如何知道你的感覺是輕鬆愉快的，而非感到不輕鬆呢？

個　　案：〔停頓〕嗯，我會知道的，因為我內心會感覺比較放鬆。

諮商師：內心在哪裡？你身體的哪個部分會感覺到呢？

個　　案：這裡。〔指著胃的中間。〕

諮商師：這裡嗎。〔指著自己身體上相同的位置。〕好的，那麼就繼續讓你自己感受「輕鬆愉快」的感覺。現在你的確有感覺到什麼嗎？你感到溫暖呢？還是感覺肌肉逐漸放鬆？或者還有其他什麼感覺呢？

個　　案：〔停頓〕我感覺肌肉逐漸放鬆。

　　於是，你可以繼續詢問自己，將如何了解個案正以他想要的方式感覺。答案或許與某些可觀察的行為變化有關，例如明白地表達而非喃喃自語，正視著你而非迴避眼神的接觸。有時，達成共識最佳的外部指標就是個案可以精確地辨別生理經驗的差異，並且在每次有了同樣的經驗時做出表達。

過度類化的推論

　　不以感官為基礎做陳述的另一種常見因素，就是使用了概括性的詞彙，例如「人們」（people）、「其他人」（others）、「朋友」（friends）、「同事」（colleagues）等等，而未具體指明究竟是哪些人。例如：「我要與人們做眼神的接觸」。

　　如果不知道個案腦海裡是哪些特定的人物，你無法檢驗契約的陳述是否以感官為基礎。你可以藉由以下問句加以澄清：「你指的是哪些人？」再次堅持到個案清楚地陳述所指稱的對象。一種有效辨識這些人的方法就是直接指出他們的姓名。

83

　　當然，一旦知道個案所指涉的人物之後，你仍需要弄清楚個案想要在哪種情境下，以及多頻繁地跟他們做眼神的接觸。這些問題關係到契約的**可完成性**與**內容**。我將在接下來的第 12 章與第 15 章探討這兩個主題。

> **關鍵要點**
>
> - 有效的交流分析契約必須是*以感官為基礎*。這意味著你必須可以看到、聽到、生理上感覺到、聞到或嚐到契約的完成。

CHAPTER 12 引導出可完成的契約

　　我在本章當中將強調契約訂定的另一種觀點，這是當代交流分析「最佳實踐」的一部分，不過至今尚未有充分的交流分析文獻對此進行探討。這個觀點就是：有效的契約訂定，應該引導出**可完成的**（finishable）契約目標與行動。

「可完成的」與「不可完成的」契約

　　「可完成的」與「不可完成的」（non-finishable）是我所選用的詞彙，它們並未出現在過去任何交流分析的文獻中。一如運用在本篇所有的其他文字，全部都具備通俗的會話性意義。當你考慮到人們訂定契約的各種目標與行動時，你可以肯定某些目標與行動明確地是**可完成的**；其他有些則無法確切地被完成，這便是我所謂的**不可完成的**契約。

84　　透過案例而非根據定義，或許是區別兩者比較簡單的方法。以下有三則可以被完成的契約案例。

- 「換工作。」
- 「獨自做一趟巴士旅行。」
- 「今天要在工作場合和兩個人打招呼。」

　　相反地，以下有三個相同內容的陳述，但卻是無法完成的契約：

- 「尋找一份新工作。」
- 「獨自做些巴士旅行。」
- 「今天要在工作場合和人們打招呼。」

　　首先，你可以確認這六句陳述全都是以感官為基礎（回顧第 11 章）。藉由看到、聽到或者生理上的感覺，可以檢驗某人是否已經有了新工作，而你也可以運用相同的方法，核對他是否正在尋找工作。同樣的檢驗方法可以運用到其他兩組陳述。（雖然第三句陳述使用「人們」這個不明確的名詞，但是你仍可以透過感官的檢驗，確認他們是否就是「在工作場合的那些人」。）

　　現在讓我們比較兩組案例中的第一段陳述。如果某人決定的契約是要「換工作」，當他確實換了工作，契約便已明確地**完成了**。相反地，如果他決定的契約是「尋找一份新工作」，我們並無法知道契約何時可以完成。他得花費多少時間持續尋找，才能知道已經找夠了呢？

　　對於這個案例，你可能會提議表示：「當他找到新工作，契約便已完成，因此就可以停止尋找。」然而，最初契約的陳述並非「**獲得**新工作」；而是「**尋找**新工作」。這是因為文字敘述的特徵，而導致無法完成契約。

　　同樣地，一個人的契約如果是「做一趟巴士旅行」，那麼當他啟程進行一趟巴士旅行時，契約便已完成。然而「做些巴士旅行」的契約是無法完成的，因為我們無法從契約的陳述本身，了解這個人需要做**多少次**的巴士旅行，對他來說才算是完成了契約。

　　你可以再度提出建議對這個問題進行辯駁，表示只要個案至少完成兩次巴士旅行，後者的這份契約便算是完成。但是這無法改變契約初始的文字內容無法被完成的事實。如果我們假設只要兩趟巴士旅行就「足夠」了，那麼我們就是在猜測個案的心態。

懸置的比較

無法完成的契約中的一種特殊共同形式，就是契約中包含了懸置的比較（hanging comparative）。在這種文字形式當中，個案似乎不斷地針對事物做比較，但卻未能提出作為判斷依據的標準。以下是契約中經常出現的例子：

- 「我要結交**更多**朋友。」
- 「我要**變瘦**。」
- 「我要跟另一半**更親近**。」

即使你將每個句子剩餘的文字翻譯成以感官為基礎的詞彙，懸置的比較仍意味並無契約完成時特定的感官標準。這樣的契約等於是無法完成的。

你可能會建議這位想要「結交更多朋友」的個案，只需再多交一位朋友，契約就算完成。然而只要「更多」這個懸置的比較仍舊存在於契約的陳述當中，根據字面意義來說這份契約是永遠無法被完成的。不管結交了多少朋友，他所陳述的目標總是要得更多。

一份可以完成的契約為何如此重要？

乍看之下，這樣的區分似乎不過是在「玩文字遊戲」。以某種角度來說也的確是如此，這也是區別它們為何如此重要的原因。

已過世的 George Thomson 曾使用的說法是「**兒童是小心翼翼的文法專家**」（Thomson 在工作坊中的授課內容）。他的意思是指你的兒童自我狀態有能力排除客套的表面意義，而掌握文字的真實意涵。兒童總是抗拒改變腳本，卻又同時喜歡改變。如果文字

的巧妙運用使得兒童可以逃避對改變做出明確的承諾，他便可能
會掌握時機占盡便宜。

🍁「永遠的契約」

　　Mary 與 Robert Goulding（1979: 80-1）針對所謂「永遠的契
約」，對治療者提出警告。例如個案可能開始對治療者說：「我要
針對……（某些問題或其他問題）下工夫。」Goulding 夫婦指出，
這類型的文字敘述是兒童的某種詭計，正是意味著：「個案將採取
行動，針對問題下工夫」。但是他並不會把問題解決掉。如果他要
解決問題，就不會繼續對它下工夫。

　　Goulding 所謂「永遠的契約」，相當於我所使用「無法完成的
契約」。因此，Goulding 所提出的警告，指出一份可以完成的契約
為何如此重要的一項潛在因素：任何無法完成的契約，都可能是
兒童為了逃避改變腳本的詭計。

🍁 契約方法以及可完成的契約

　　另一項因素純粹是實用性考量，與使用契約方法的好處有關
（回顧第 11 章）。其中一項對諮商師與個案雙方都有益的好處，就
是可以毫不含糊地辨別何時完成了合作。你將會了解，唯有採用
可完成的契約，個案和你才可能了解這點好處。

實踐可完成的契約

　　要發掘可能存在的不可完成之契約，你只需問自己以下用來
檢查的問句：「當個案做完時，其他人該要如何知道呢？」

　　如果答案是「沒辦法知道」，那麼該項陳述就屬於不可完成的
契約。切記，**一旦個案將契約訴諸文字**，你只需要中肯地提出檢

驗契約陳述的問句。個案本身可能不會清楚地表達,於是在你這方面,要對任何「輸入」完成契約之標準的動作保持警覺。

　　一旦發現不可完成的契約陳述時,你可以藉由詢問相同的檢驗句,引導個案想出一套可完成的版本,重新妥善地書寫,使其適合他所期待的契約內容。例如:

- 「你可以說明想要獨自進行**多少次**的巴士旅行,這樣我跟你都會明確地知道你是否已經達成了自己的渴望。」

- 「你表示希望結交更多朋友。你需要結交多少位新朋友,這樣你才會知道自己是否已經完成我們所討論的契約?」(顯然,你也會在這個案例中發現,個案與其他人將如何看到、聽到與感覺到他們是否已經成為「朋友」。)

- 「當你和我都已經就你所帶來的問題『下工夫』時,你希望可以在自己的生活上帶來什麼改變呢?」

87

關鍵要點

- 要察覺可完成與不可完成的契約之差異。如果個案提出不可完成的契約,要引導他修改為一個可完成的版本。

CHAPTER *13* 腳本改變的指標

在交流分析中,改變的核心目標就是**脫離腳本**(movement out of script)。我將在本章中為你指出,存在於契約訂定歷程裡的兩難。緊接著我會繼續描述要如何在契約陳述的問題上,運用我所謂**指標**(marker)的概念來解決這種兩難。

訂定改變腳本的契約:諮商師的兩難

在你開始訂定改變腳本的契約時,將面臨何種兩難的情況呢?運用案例將可以獲得最好的說明。

假設你已經完成了個案的腳本分析,你與個案也都認同腳本中造成局限的禁令之一是「**不要親近**」。你們因此達成了共識,同意合作的焦點在於協助個案做出新的決定,認同與他人親近是好事一件。

緊接著,你花費時間與個案想出正向的文字敘述,描繪他對腳本改變的期待。文字表達內容可能如以下的陳述:「我要改變童年時所做不要與人親近的決定,重新選擇與他人親近。」

你可以在本章看到自身兩難的起源。個案對期待的腳本改變所做之陳述,既非**以感官為基礎**,也並非屬於**可完成的契約形式**。因此,依據我在第 11 章與第 12 章所申論的理由,這種文字敘述的方法並無法有效地訂定契約。

然而在諮商裡,這**的確**是個案對整體目標的真實陳述。它直指個案欲獲得之個人改變的重要核心。我在第 5 章曾建議,治療

88

者要關注個案第一次就其概括的期待所做的陳述，並且給予個案回饋，表達你對其渴望的理解與重視。無庸置疑，個案對腳本的改變有所期待。

然而此刻你需要做些什麼呢？你似乎得要面對，在兩種都不令人滿意的選項中做出抉擇。其一是繼續要求個案，採取具備以感官為基礎與可完成的特性之契約，替代最初的概括性陳述。如果你做了這項選擇，便可能冒著無法察覺個案改變之核心渴望的風險，而這份更為狹隘的契約可能只不過是樣板罷了。

另一種選擇似乎只得接受個案最初對渴望所做的概括性陳述。於是，你可能接受它作為一種「整體性契約」。如果你選的是這一項，無疑正在強調個案自身對渴望所做之陳述的重要。從此，你和他將會「漫無目的地翱翔」。你與個案都沒有明確的方法，可以知道是否已經完成所期待的腳本改變，抑或了解如何達成腳本的改變。這是兩難的處境之一。

腳本改變的指標

你有第三種選擇，可以用來解決問題，也就是要求個案做一項宣告，我稱之為**指標**（Stewart, 1989: 101）的聲明。我將指標定義為：「一種以感官為基礎並且可以完成的契約陳述，顯示個案達成更為廣義的腳本改變。」

指標**並不能**取代個案對腳本改變的概括性陳述，而是一種從旁的輔助工具。個案原初的整體性期待，仍舊是改變的核心焦點。指標乃作為一種實體的里程碑，反映個體是否達到其渴望的改變。

例如，我們再一次討論那位渴望做出以下腳本改變的案例：「我要改變童年時所做不要與人親近的決定，重新選擇與他人親近。」

以下是某些可以作為指標的陳述：

- 「透過⋯⋯（約會），與某人建立同居關係。」
- 「結交三位或更多的朋友，而且每月至少見面一次。」
- 「加入兩個社區俱樂部。」
- 「寫信給三位親戚。」
- 「持續一週，每天告訴另一半自己喜歡他哪些特點。」
- 「想像母親坐在椅子上，對她說出關於她禁止我與別人親近的感受。」
- 「對你（諮商師）說清楚我怎麼玩踹我一腳（Kick Me）的心理遊戲，並且想辦法得到自己想要的東西，而不要繼續玩心理遊戲。」

89

為成果或者行動設定指標

只需以感官為基礎並且是可完成的，便可根據成果契約或行動契約的形式來設定指標（回顧第 9 章內容）[1]。上述的案例當中，前兩項屬於成果契約，其餘則是行動契約。假如你們達成了共識，選定了成果契約的指標，同時也得至少訂定一份促成目標完成的行動契約。

設定在會談中或會談外的指標

你會發現上述第四與第五項陳述的案例，乃個案答應在兩次

---

1 這點與我在 *Transactional Analysis Counselling in Action*（Stewart, 1989: 101）一書中所談的並不相同。當時我的建議是指標總要具備「行為特性」。那時候我並未全然了解契約是可以根據感官為基礎並且可以完成，而不一定得具備行為特性。我在這裡的解釋應可以取代前述著作中說明。

諮商會談間達到某項指標。這些諮商會談時間外的指標，相當於
傳統上所謂之「分派家庭作業」（homework assignments）。

當你運用了會談時間外的指標，你當然必須與個案達成共
識，確定個案願意對你說明作業的進展。否則就如同你所關切
的，它並未以感官作為契約陳述的基礎。

最後兩項陳述是屬於個案同意在會談時間內所達成的指標，
這是所謂諮商會談時段中（in-session）的指標。這種型態的指標
與**單次會談契約**（session contract）相同。在腳本改變的工作當
中，你們經常會就一系列的契約達成共識，而其中便有許多的指
標，用來標明個案所追求的整體性改變。

90 ## 制定有效的指標

任何一項腳本改變的工作，都可能會產生大量的指標，一如
我稍早所指出的案例。然而，你該如何判斷某項特定的行為，是
否適合作為腳本改變的有效指標呢？你可以藉由詢問自己（或個
案）以下的問題來做判斷：「如果你**這麼做**（也就是可能的指標行
為），是否可以清楚地顯示出你正好完成了想要的腳本改變呢？」

由於問題陳述的內容與可觀察的現實相關，因此絕對無法獲
得百分之百肯定的回答。不過，你與個案可以運用機率的概念，
運用成人的判斷力獲取共識。如果答案是：「好的，如果我執行了
這項行動，這就相當篤定地意味我正以某種方式往腳本改變的目
標邁進」，於是你可以斷定問題中所標定的行為，可以作為契約的
一項有效指標。

指標與「首頁」

如果你回想第 8 章的內容，就會記得標準的首頁格式其中包

含「整體性契約」與「當次會談契約」的標題。我曾建議在當次
會談契約中，通常可以採取指標性的形式。（原則上，單次會談契
約的指標通常並非以成果，而是以行動為標的。）

　　然而，至於整體性契約呢？你在為重要契約選擇陳述的文字
時，會面對顯著的兩難，如同先前針對契約制定所描述的困境一
般。你是否採用個案自己選擇的概括性陳述，描述腳本改變的整
體性契約呢？果真如此，你可能會被這種既非以感官為基礎，也
非可以完成的整體性契約卡住。（傳統的說法是「既不具有行為特
性，也無法測量」。）陳述「我要改變童年時所做不要與人親近的
決定，重新選擇與他人親近」概括性渴望的這個案例，便是個不
爭的事實。

　　為了使得整體性契約可根據感官為基礎並且可以完成，你
得採取哪些不同的決策呢？你可能因此虎頭蛇尾地採用狹義的陳
述內容，而無法成功地表達個案企圖達成的整體性改變。以下便
是此類契約的案例：「我要透過……（約會），與某人建立同居關
係。」結果對個案來說同等重要，這份契約並不能有效闡明個案主
要想達成哪種腳本的改變。他是希望把建立新關係當作達成目的
的途徑，用來肯定自己可以親近別人、自己的重要性、自己已經
長大的事實，或者其他種種目標呢？

以「腳本改變加上指標」來陳述整體性契約

　　我建議你將整體性的契約分為**兩段**做陳述，如此便可解決這
項困難。其中包括：

1.　關於個案約定想要改變的腳本這部分；再加上
2.　顯示達成腳本改變的重要**指標**。

91

綜合如下：

整體性契約＝（腳本改變）＋（重要指標）

在我們運用的案例中，便可以如下地描述**整體性契約**：「我要改變童年時所做不要與人親近的決定，重新選擇與他人親近。透過……（約會），與某人建立同居關係，就是我完成契約的指標。」

因為這裡所陳述的重要指標是一種成果契約，因此你也需要就有利於促進成果實踐的行動契約與個案達成共識。每一項行動契約本身都是腳本改變的指標。你可以在首頁清楚地列出其中一項指標，作為**當次會談契約**。例如：「我要想像母親坐在椅子上，並對她說出關於她禁止我與別人親近的感受。」

以下有更多以「腳本改變加上指標」來描述整體性契約的案例：

- 「我要改變童年時所做不要成功的決定，決心成就自己的生涯。完成契約的指標就是在十八個月內獲得職務上的升遷。」
- 「我要脫離陳舊與局限的決定，不再認為自己不重要。為了頌揚自己重要，我要參與公開演說的課程，並在三個月內進行一場公開演講。」
- 「即使還有工作尚未完成，我也要在明年的耶誕節前夕，安排一次為期三週的休假。藉此可以宣示自我的選擇，有別於父母傳承的驅力『努力工作』。」（這段文字陳述將指標安置在前段。）

運用指標評估個案對改變的渴望

個案以各種方式陳述原初「改變的期待」。有些陳述在稍後可以成為整體性契約成功的基礎。運用指標的概念，你可以做更進一步的檢驗，評估任何對期待的陳述是否可以**有效**作為契約的基

92

礎。這項測驗如下：如果個案「對期待的陳述」可以**產生至少一項以感官為基礎並可以完成的指標**，你便可以把它當作有效整體性契約的基礎，反之亦然。

你可以再度檢視本章稍早所提出的案例，評估其對腳本改變之渴望所做的陳述，是否可以通過此項檢驗。

然而，你或許會感到懷疑，為何「對渴望的陳述」竟可以少到連一個指標都無法產生。這點最後透過案例來說明，恐怕不易直接根據定義獲得了解。以下是某些無法產生任何指標的陳述：

- 「我要成為我自己。」
- 「我要過屬於我自己的生活。」
- 「我要成為一位更加溫暖的人。」
- 「我要丟棄我的恐懼。」

前兩項陳述已是老生常談；人們不可能不「成為自己」或者不過「屬於自己的生活」。第三項陳述包含一種懸置的比較，因此並無指標可以顯示契約的完成。最後一項則屬於負向陳述，根據定義並無法產生任何以感官為基礎的指標。你可能會喜歡進一步地操弄這些概念，想出更多對渴望的陳述，了解哪些陳述可以產生指標，而哪些卻無法產生。

關鍵要點

- 就指標達成共識，乃契約訂定的部分歷程。它們是以感官為基礎並可以完成的陳述，反應個案正達成腳本改變更為廣泛的目標。
- 在你的「首頁」中，運用「腳本改變加上一項重要指標」，經常可以有效地陳述整體性契約。
- 每份單次會談契約本身都可以是一項指標。

CHAPTER
14 保持契約的清晰與彈性

這一章，我要建議你與每位個案合作時，都應該保持契約的**彈性**。

你可以回想第 4 章有關「界限」的內容，我曾就「清楚」與「不清楚」，「僵硬」與「彈性」等概念做了四維的比較。我提到一般人很容易理所當然地認為：清楚的界限也會是僵硬的，而有彈性的界限必然不清不楚。我曾主張：實際上，界限可以**既清楚又**有彈性。我在本章將把相同的思維運用在契約的訂定上。

契約訂定中「彈性」的意義

在本篇前面幾個章節當中，我曾指出傳統對於「清楚的契約」的概念本身就不清楚。我提出兩個詞彙：**以感官為基礎**與**可以完成**，作為描繪契約更為精確的方法，在交流分析的詞彙中可說具備了「清楚」的特質。

而我所謂契約的「彈性」究竟是什麼意思呢？我的意思簡單地說，就是你與個案可以在任何的時間點對契約進行**修改**。

你可以注意到我的陳述並非「個案修改契約」。實際上可能是由你或者個案任何一人發動契約的修改 —— 如同剛開始提議建立契約一般。

假設彈性契約的概念簡單易懂，那麼有三個問題值得商榷：

1. 保持契約的彈性有什麼好處？
2. 實務上你要如何確保清楚的契約仍具有彈性？
3. 哪種情況並**不**適合改變原來的契約？

為何要保持契約的彈性？

接受其他訓練的諮商師，有時會對交流分析專注於清楚定義的契約感到憂心。他們認為這可能妨礙個案自然流暢的成長。他們指出，如果諮商師時時刻刻純粹地允許個案創造屬於自己的方法，難道不會對個案更為尊重嗎？比起試圖專注於特定契約目標，限定改變的途徑，這種方法難道真的會更好嗎？

交流分析的契約雖然具有明確定義的特質，但仍可以保留其**彈性**，了解了這點，疑慮便可獲得適當的化解。一旦個案有所成長，契約也可以隨之成長。諮商師的任務在於確保它的發生。而你的首要工作之一便是要隨時保持警覺，察覺執行中契約變動的潛在可能，同時仍維護明白宣告與獲致共識的契約。

理解「清楚但可以具有彈性」這點，對接受交流分析訓練的諮商師也相當有幫助。他們經常共同抱持以上討論的觀點，以為「契約妨礙自然成長」。由於允許個案全然自由地決定改變的途徑，這份可以理解的期望，導致受訓的學員傾向於認同一份語彙不明的契約。我在本章要提出建議，說明有更好的方法可以促進個案的這份自由。那就是製作「清楚地」陳述 —— 也就是以感官為基礎，並且可以完成的 —— 但是仍開放可以隨時修改的契約。

分別根據長期與短期的觀點，彈性地訂定契約

我建議根據兩種不同的時間標準，有效地考量契約的彈性：

1. 根據整個治療計畫，較為長期的觀點做考量。
2. 根據短期的觀點，也就是就每次會談以及會談當中的各個時間點來做考量。

某種程度上來說，長期與短期的彈性乃是一種隨意的區分。然而，看待彈性的這兩種觀點，確實在實務上引發了不同的問題。

94

在長期治療計畫中，彈性地訂定契約

在執行整個治療計畫的過程中，以較長遠的角度來看，適合在什麼情況下修改契約呢？或者，以另一種方式來詢問相同的問題：什麼時候適合修改整體性契約呢？

改變整體性契約的一項明顯的理由，就是個案已經達成整體性契約的目標。如果你跟個案都很清楚地獲得了滿足，那麼你便可以肯定個案的成就，並且促成另一份新的契約，或者終止療程（Stewart, 1989:12-13）。

在尚未完成整體性契約**之前**，個案便表示希望進行修改，這種處境顯得較不明朗。可能是因為個案已經察覺自己所設定的目標有了變化。他可能會表示，原始的契約目標現在對他而言，似乎不再如剛開始接受諮商時般的重要，或者個案已經將其分派的各種目標做了優先順序的調整。抑或只是他不再認為自己追逐已久的契約目標，值得繼續投注時間與心血。

此刻，你正面對一項十分棘手的課題。你需要隨時保持開放的態度，面對各種可能；個案可能重新安排目標的優先順序，放棄某些目標，或者發現在諮商開始前並未考慮到的其他問題。隨著個案在諮商過程成長，確實很可能會有這種狀況。如果你期望維持整體性契約的「純淨」，並企圖緊縮這種成長的歷程，滿足自己的欲望，那麼將會對諮商造成反效果。

同時，你必須對個案的**兒童**自我，其抗拒腳本改變的傾向保持覺察。個案要求改變或放棄契約，或許總是反應這種「阻抗」。當然，**兒童**自我狀態將扭曲事實，不認為這是「阻抗」或「破壞」，而迫切地企圖堅持一種似乎是滿足需求與維護生存的關鍵策略。

95

　　於是，在改變或放棄任何現存的契約之前，可以問你自己與個案一句關鍵的問句：「個案這種契約的改變，未來成為其腳本的機會有多大？」

　　你可能永遠都無法獲得肯定的答案。然而，你可以運用以下三項提示作為導引。首先，個案的**目標清單**（回顧第 5 章）在這裡可以再度發揮其價值。假設個案現在表明他已經改變了目標的優先順序，因此想要改變或者放棄契約；你可以與個案一起回顧目標清單，清楚地討論其優先順序如何有了變化。這點可以幫助你和個案，判斷這種改變究竟有多少程度屬於腳本的行為，以及有多顯著地具備自動化的特質。

　　其次，當個案告訴你契約可能有了變化時，觀察個案的**歷程**。對於個案的漠視，你看到與聽到多少呢？特別是個案展現了多少驅力行為呢（參考第 17 章）？再定義與漠視的強度越顯著，就會有更多的驅力行為，因此要求更改契約更可能屬於腳本的行為。

96

　　第三，當你正期許個案完成某項**脫離腳本**的重要行動，例如關鍵的再決定，此時面對契約改變的要求更要特別小心。我曾指出處於**兒童**自我狀態的個案，很可能視潛在的腳本改變為某種威脅，妨礙需求的滿足或甚至危及存亡。於是，如果個案莫名奇妙地在治療的此刻，對當下的契約感到「厭倦」，或者突然發現某一條改變的新途徑正吸引他的能量，也都不足為奇。對可能即將採取行動放棄腳本改變的個案進行面質，並同時提供**兒童**適當的保護，如此才是明智之舉。

🍂 根據短期的觀點，彈性地訂定契約

　　根據每次會談以及會談當中的各個時間點，比較短期的觀點來看，應該如何發揮契約的彈性呢？這主要是如何在短時間內，以及貫徹整體性契約履行的原則下，修改單次會談契約的問題。

在此值得對傳統名詞「當次會談契約」做一番回顧,它不必然意指「為該次會談或整個會談所訂定的契約」,反而經常被認為是「在某次會談中的任何契約」。在任何一次為時五十分鐘或者更久的會談時空中,有**許多**的「當次會談契約」可以被提出、接受、拒絕、完成、放棄或者修改。

這是一處讓你擁有相當操作空間的領域。根據契約合作,只需時刻地確認是否符合以下兩項條件:

1. 你與個案都必須讓彼此清楚地了解合作的內容。
2. 你們雙方都必須明確地達成共識。

也得記得個案與你一樣,隨時都可以**提議**訂定某些契約。你不需要總是問個案**他**有什麼想法。Bob Goulding(工作坊中的演說內容)甚至指出,詢問個案想要「如何」促使改變發生,是諮商師這一方的藉口。Goulding 表示,「如何」是要由促進者來決定,個案只需表達想要有**什麼**改變。

於是,在每次會談以及會談中的不同時間點,你與個案都有無限寬廣的視野,可以前瞻性地提出當次要執行的會談契約,而這些會談契約都將有利於整體性契約的完成。

> **關鍵要點**
>
> ● 在諮商歷程的任何時刻,你與個案都可以重新協商彼此協定的治療契約。運用這種方法,契約便可以保持彈性。
>
> ● 這種具備彈性的契約仍然可以、也應該是「清楚的」──也就是,以感官為基礎,並且可以完成。

97

CHAPTER **15** 將契約置於背景脈絡當中

我在這一章所做的建議是：為了有效訂定契約，值得考慮契約的**背景脈絡**（context）。

我所謂契約的「背景脈絡」究竟是什麼呢？我的意思是要你與個案有效地考慮以下三個問題，並就答案形成共識：

1.　契約要在**何處**執行？
2.　**何時**執行？
3.　在什麼**條件限制**下執行？

每個問題依次引起許多其他的問題。以下我會做更完整的討論。

至今，論述契約訂定的交流分析作家，仍未在已達成共識的契約上，關注設定背景脈絡的問題。相對於這種處境，有些學派已把背景脈絡的設定視為達成「良好成果」的關鍵成分，例如神經語言程式學派（引自 Andreas 與 Andreas, 1989: 244-5）。

乍看之下，交流分析傳統上要求契約應該「具備行為特性，並且可被觀察」，似乎已經處理了背景脈絡這項議題。然而，進一步深入地探討，事實似乎並非如此。

舉一個單純的行為契約為例：「我要在下星期和三個過去從未交談過的人打招呼。」這段文字陳述不僅是以感官為基礎，也是可以完成的（回顧第 11 與 12 章）。換句話說，根據傳統交流分析的詞彙，它就是具備了行為特徵，並且可被觀察。然而，這般的契約陳述，卻忽略了背景脈絡的部分。契約的**時間範疇**確實已經明

98

確地定義（「下星期」），上述問題的答案之一就是「何時？」。但是「何處」這個範疇並不清楚。個案是要在公車上、超級市場、家裡，或隨便在任何地方，和三個人打招呼呢？

　　甚至，由契約的陳述中，我們無法了解個案在何種情境**不會**執行契約，這就是我所謂的「條件限制」。例如個案是女性，她是否要在某無人小鎮的街上，對一位突然撞見的男人，執行「對一位陌生人打招呼」這項契約呢？假如個案是男性，他是否要在男廁裡「對三位陌生人打招呼」呢？

具體指明契約的背景脈絡為何有所助益

　　具體指明契約的背景脈絡為何有其優點呢？有三項原因如下。

　　首先，也是最重要的就是，每份契約陳述都需要**事先假設**背景脈絡，這是不爭的事實。也就是說，所有的行動都必須發生在某種背景脈絡當中。因此，當你與個案正想辦法形成一份契約時，你們只有兩種選擇：你們可以討論，然後具體指明背景脈絡；或者不具體地加以指明。如果未具體指明，你們可能會承擔風險，彼此都認為正在討論同一件事，而實際上卻是雞同鴨講。因此，即使在你與個案雙方可能都認為已經遵循了**相互同意**（mutual consent）這項契約的核心精神，然而事實並非如此。

　　其次，背景脈絡的細節可能顯著地影響契約的意義。它甚至可能決定了合意的契約是否會助長個案的腳本，或者有利於個案脫離腳本。

　　舉個例子來說，假設有人因為過度工作以及難與人親切相處的問題，前來接受諮商。經過腳本分析之後，你會發現他在反腳本中有**要完美**的驅力訊息，而在正腳本（script proper）中則有**不要親近**的禁令，這一點都不令人驚訝。

99

假設，緊接著你和個案都同意他要採用某份契約：「當我在工作場所看到人時，我要用微笑跟他們打招呼。」乍看之下，這似乎是一份妥善的契約，可促使個案脫離腳本，且具備行為特性的行動方案。

然而，這份契約的陳述，至少並未具體指明背景脈絡中的兩個問題。也就是「在什麼條件下」？以及「有多頻繁」呢？假設在你提出這個問題來討論時，個案所透露的想法卻顯示契約適用在**每個人**與**所有時間**。這很可能正強化了他**要完美**的腳本信念。在正腳本這個層次，「對每個人微笑」這個想法可能會被認為是因應個案**不要親近**的禁令，所產生的一種對抗恐懼的反應。這將會引起對保護這項議題的高度關注。

第三，藉由具體指明契約的背景脈絡，你與個案都給自己「微調」契約陳述的空間。例如，在討論「要與他人親近」這項整體性契約的背景脈絡時，個案可以發現自己喜歡親近某些人，卻**不想要**親近另外一些人。體現上述的要點便有機會促進改變工作的進展。它們促使個案更為具體地描繪所要完成的契約。

需要多具體地指明契約的背景脈絡呢？

你可以問自己以下的問題：「在每次契約訂定的時候，都得全然地具體指明背景脈絡嗎？」

我的答案是否定的，但是**徵詢個案並針對背景脈絡做討論**，總是個好主意。你的目標在於確認個案希望多麼具體地指明背景脈絡。於是你可以根據腳本可能的意涵，回顧個案的渴望。

可能在某些情況下，個案會刻意地希望不要具體指明全部或部分的背景脈絡。例如，我們回顧那位擁有整體性契約「要親近他人」的個案。（當然，在諮商過程的某些階段，你會發現個案所

謂「親近他人」是什麼意思；但這並不是在討論背景脈絡時所關注的議題。）假設你詢問個案以下用來具體指明背景脈絡的問題：「你要在哪裡執行這項行動呢？在你前往的每個地點嗎？」個案可能會選擇保留，而不明確指明背景脈絡中有關**處所**這項議題，或表示他不希望在這個階段，局限自己執行契約行動的處所。

果真如此，你可以問自己或個案下一個澄清的問題：「有沒有可能在某種程度上，你正透過不具體指明背景脈絡的部分焦點，並根據腳本的設計，為拒絕執行契約找藉口呢？」

在這個案例中，至少有可能是處在**兒童**自我的個案正在鑽漏洞，表示：「不論如何，我就是不要用契約所聲明的方式與**這些**人親近，因為我確定這裡並非合適的地點。」

另一種可能的畫面，或許是個案正由成人自我，刻意地對背景脈絡保留某種程度的開放性。果真如此，開放的背景脈絡允許了個體更多的彈性，因此將有更多真實的成人性選擇，可供個案用以實踐約定的行動。

有助於將契約置於背景脈絡中的問題

有哪些實際的方法，可以將契約置於背景脈絡中呢？首要的建議就是，你得在與個案合作進行契約訂定的歷程當中，熟記背景脈絡的概念。以下有些問題，有助於引導出背景脈絡的三種基本形式：處所、時間與條件限制。

要在何處執行契約呢？

個案將要在什麼地方採取約定的行動呢？是在某個特定的環境，例如工作的場所或者在家中呢？（以下是一句澄清的問句：「地點的名稱為何？」）或者是某處公共場所，例如在任何時段的

巴士上，或者某特定時間點的街上？還是說這份契約可以在任何處所執行呢？

何時？

你可以藉由詢問個案某些問題，探討背景脈絡的時間範疇，例如：

101

- 在哪一天之前呢？
- 從今天算起還要幾個星期、幾個月或是幾年呢？
- 頻率為何？
- 多少次呢？
- 從你開始採取行動之後會持續多久呢？

有項重要的目標，就是要引導個案，表明得要多久的時間（或多頻繁）才能將契約的陳述付諸行動，最後並願意宣稱：「是的，現在已經達成契約的目標了。」他只需要做一次嗎？如果需要很多次，那麼應該要有幾次呢？如果焦點在於抵達歷程的終點（例如為了減少體脂肪的契約），得還要花多少時間才能達成個案認定的契約目標呢？

在哪些條件限制下？

當然，「何處」與「何時」兩個狀況已經給了部分的「條件限制」。同樣地，當你與個案合作時，也要開始具體地指出條件的限制，說明他將與**哪些特定的人**共同執行契約。個案是否願意與某特定人物或團體合作執行契約？例如和他的小孩或五位辦公室同仁。（這裡又有一個問句的例子：「要跟誰合作，他叫什麼名字？」）或者，要與一般性的團體合作完成契約，例如任何時刻出

現的同事，或者隨時出現的陌生人？或是個案明白地指出，想要
與任何人合作來完成契約？

還有一些問句，可能會有幫助：

- 「其他人得先做些什麼？」
- 「你要怎麼知道是你該做這些事的時候了？」
- 「有沒有你**不**想要這麼做的任何處境？」

注意「看不見的背景脈絡」

如果彼此同意以下背景脈絡的陳述，你一樣也得注意：

- 「**在時機恰當時，我會表達感受。**」
- 「**在感覺到憤怒時，我會對我的夥伴表明我的憤怒。**」

102
這種陳述的共同特徵，就在於它們所指出的脈絡背景，只關
係到個案本身**內在**的經驗，卻無關於任何外顯而可觀察的事務。
我稱之為「看不見的背景脈絡」。

這些「看不見的背景脈絡」的陳述，有時似乎是在表達**成
人**自我的關注。但是在我的經驗中，它們更經常是**兒童**自我的藉
口。個案處於**兒童**自我狀態當中，抵抗腳本的改變。他將會輕易
地發現表達情緒的「恰當」時機並不會到來，或者就在他要表達
情緒的那一剎那間，不可思議地不再「感到憤怒」。

以下有些檢驗用的問題，可以有效地將這種「看不見的背景
脈絡」挑出來：

- 「如果我是隻停在牆上的蒼蠅，要怎麼知道何時才是表達情緒
  的『恰當』時機？」
- 「即使不相信自己已經感覺到，你是否也願意表達你的憤怒
  呢？」

關鍵
要點

- 注意契約的背景脈絡，與個案一起考慮以下問題：

  何處？

  何時？

  在什麼條件限制下？

CHAPTER 16 藉由形象化來活化契約

本章我要描述**契約形象化**（contract visualisation）的練習。你可以邀請個案想像一幕場景，其中他**已經完成**契約裡所渴望的改變。換言之，就是在個案的腦海裡「活化契約的目標」。

在第 11 章，我曾經提到以感官為基礎的契約中有項優點，就是可以促使你與個案進入一種有關契約成果的樂觀形象。契約形象化的練習就是這個概念的延伸。

「形象化」的意義

雖然這項活動一般稱之為「形象化」，但是它並非只包含想像中「看到」的成分。這項練習的關鍵目標在於建構所期待之場景的內在表徵，不僅是看到，也包括聽到與感覺到（有時還會有聞到與嚐到）。這點可以提醒你回想以感官為基礎的契約準則（第 11 章）。它們之間的雷同並不令人意外。

為形象化做好準備工作

一如往常，你將邀請個案訂定一份契約。你會徵詢個案是否願意進行一項練習，並說明只需要放鬆心情，想像自己達成了期待的目標。如果得到成人肯定的答覆，你就可以開始執行約定的工作，並且進行練習。

首先要檢查個案的姿勢，確認是否可在整個練習過程保持舒適。這部分可能需費時十五分鐘左右。請他把身上比較緊的衣

物鬆開（例如領帶）並脫掉鞋子，好讓自己在舒適的狀況下進行練習。如果個案懷疑這是要「進行催眠」的前奏，你可以給予保證，並說明這只是一種放鬆的練習，事實上在一般的正常活動情況下，每個人每天都會有好幾次某種程度地進入催眠狀態。

如果你有自己所熟悉的程序來引導個案放鬆或進入輕度催眠狀態，那麼就在這個時候加以運用。否則只需邀請個案放輕鬆和閉起雙眼；允許自己聆聽周遭的聲音，感覺椅背給予自己的支撐，察覺自己的呼吸。此時，個案應該有了足夠的放鬆，可以開始進行形象化的練習。

你可能會發現，有效的做法是在開始形象化的練習之前，建議個案保持足夠的清醒，讓他自己可以持續聽到你的聲音，並清楚你對他所做的要求。同樣地，他也才會在完成練習之後，記得練習中所獲得的形象。

將契約內容形象化的練習

104

這項練習主要的目在於引導個案，在感官的細節層面，盡其可能就所渴望的成果，豐富地建構其內在表徵。程序裡隱含簡單的模式：

1. 引導個案**看見**場景的成分。
2. 接著引導個案**聽見**場景中的聲音。
3. 然後引導個案**感覺**各種依附於該場景的知覺與情感。

如果個案認為嗅覺與味覺是重要的，你或許也可以請他把這些感覺帶入該場景當中。

你可以根據可用時間的長短，邀請個案多次週而復始地重複演練這三個階段，依次建構更具豐富感官內涵的表徵。重點是你

自己不要提供任何內容。你只需要引導個案完整貫穿不同的感官系統 —— 看、聽、感覺，或許也有聞與嚐 —— 並使個案自己填滿屬於自身的感官印象。

你應該持續地對個案強調，他在想像中所建構的場景乃**屬於他自己**所擁有。他可以在任何階段重新塑造該場景，好讓自己更加滿足。然而，你也應該要提醒個案，這幅場景必須**在現實世界行得通**，世上並沒有「魔法」的存在。

你要注意自己如何運用**動詞時態**。在引導個案進行形象化的練習時，請使用**現在式或現在完成式**（例如：「你**現在看到**什麼」、「你**已經達成**的目標」）。避免使用**未來式**（例如：「你**將要獲得**的成果」）。（我會在第 28 章，就如何使用動詞時態進一步加以說明。）

我建議你不要嘗試逐字朗讀書面文件或強記的一段文字。而是從我列舉的案例當中得到「靈感」，然後加以改良。

從個案已經相當放鬆的狀態開始，你可以運用以下的文字表達形式。有種好方法就是在你說話時，配合個案和你自己的呼吸。在他吐氣時，你就說話；當他吸氣時，你也跟著吸氣。這種搭配並不需要十分精準。緊接下來的文字敘述，我會使用**刪節號**（……）標明呼吸韻律的典型轉折。

「現在，你繼續坐在椅子上，聽著我對你說話的聲音……你可以開始讓自己想像一幕場景，其中你**已經**完全解決了自己來到這裡想要解決的問題……同時你可以愉快地了解在你想像的這幕場景中，你**已經得到**你需要的任何東西，並且把自己所有的事情都安置得十分妥當……」

「然後你繼續保持愉快的心情加以體會，讓自己覺察在已經獲得想要的所有東西時，場景中所**看到**的一切……」

105

「這幕場景或許就發生在你相當熟悉的某處……或是在一處陌生的地方……不管它在何處，是否就是應該存在的地方……現在你都可以讓自己把這個地方看得更仔細……」

「那裡可能有人陪伴你，或許有很多人跟你在一起……如果有人跟你在一起，那是誰呢？你可能知道他們的姓名，也許只是陌生人……如果有任何人跟你在一起，你只要察覺有誰跟你一起出現在這幕場景……你**已經**挑出所有想要在該場景中尋得的事物……」

「如果想要**改變**所看到的任何東西，讓自己更清楚地了解已經得到哪些想要的東西，那就修改自己所**看到**內容……這是你所擁有的場景，因此你可以隨心所欲地改變它。唯一的限制就是你得讓它符合現實世界的法則。」

「現在你繼續觀看這幕場景，並且可以讓自己察覺**聽到**些什麼……也許你正在說話……或許有人在說話……如果有任何人正在這幕場景中說話，讓自己聽聽他們究竟在說些什麼……並讓自己聽到他們是怎麼表達的……」

「或許這幕場景還有其他的聲音……不論有什麼聲音存在，只要讓自己繼續聆聽……」

「你**已經**聽到自己所渴望的聲音，由這些聲音或者該場景其他任何聲音當中，注意自己是如何地**聆聽聲音**……」

「如果有任何的方法可以改變聽到的內容，讓自己更清楚地了解已經在這幕場景得到想要的東西，那麼現在就開始採取行動改變它……這是屬於你的場景，你可以擁有任何想要的聲音……只要維持符合現實世界可行的原則就可以……」

「你繼續聆聽任何聽得到的聲音，觀看看得到的東西，同時可以讓自己**感受**伴隨這幕場景的所有感覺……你很清楚知道自己在這幕場景中已經得到了什麼想要的東西……」

106 　　「這些可能是生理性的感覺……例如寒冷、溫暖、放鬆……或像是某種衣物接觸皮膚的感覺……」

　　「你有沒有感受到任何生理上的感覺，也許你正感受到某種情緒……所以現在你只要允許自己體會這些感受，你可能正感覺到愉快、滿足或著迷……不論有什麼感覺，只要讓自己清楚知道是否已經找到了想要的感覺……」

　　「如果有任何方法，讓你用來改變這幕場景中的感覺或情緒……好讓自己對這幕場景更加感到滿意……現在就開始採取行動來改變這些感覺……那是屬於你自己的場景，你可以隨心所欲地改變它，只要你可以讓它不與現實脫節都沒有問題……」

　　此刻，你已經引領個案經歷一場涵蓋視覺、聽覺與感覺的饗宴。我曾經指出，你也可以提供個案機會，把任何聞到或嚐到的東西加入該場景當中。如果時間充分，你可以帶領個案重新演練整個程序，同時引導個案就所看到、聽到與感受到的東西，更為深刻地覺察它的細節。同樣地，邀請個案對此場景進行任何渴望的改變，唯一的限制只是要符合現實世界的法則。

　　當你帶領個案經歷多達三個循環的程序時，再度建議他把形象化練習過程中所看到、聽到與感覺到的記憶帶回到現實，在他同意的前提下與你分享這些經驗的細節。

　　然後，提高你自己聲音的頻率與步調。引導個案「回到診療現場，當下是在……（地點），以及……（日期）」。在他睜開雙眼時，請他環顧屋內四周，找出一件特別吸引他注意的東西，並向你描述它的特徵。整個練習就此完成。

將契約內容形象化的優點

　　有許多的理由可以說明為何形象化有助於契約訂定。首先，這個練習具體且詳盡地運用了以下的原則：在促使契約**以感官為基礎**時，建立一組導向契約完成的「心像」。某種程度而言，雖然我們並不完全了解，然而富含感官內涵的形象化歷程，確實可以有效引導個案的潛意識心靈，達成契約的目標。

　　其次，形象化的歷程是一種測試，可以檢驗所聲明的契約是否具備感官之特異性。如果個案**可以**顯現一幕場景，完整地看到、聽到與感覺到所有的細節，那麼根據定義來說，這幕場景就完全地具備感官的特異性。

107

　　第三，形象化有助於個案使用一種具備感官特異性的**指標**，作為腳本改變較為整體性之契約的里程碑（回顧第 13 章）。較為整體性契約的目標或許並不具備感官的特異性，然而你仍可以要求個案由單純地加以陳述，開始進行形象化工作的該次會談。然後你可以在形象化的歷程中，請他繼續填滿感官的細節。如果個案成功地填滿所有的細節，那麼他便抵達整體性腳本改變契約的一項里程碑。

　　第四，形象化也有助於你與個案彼此了解，並就契約的**背景脈絡**達成共識（回顧第 15 章）。個案是否表示看到自己與某些叫得出名號的人物，在某個特定名稱的處所，完成了契約？或者，背景是模糊而普遍，人物面貌則是陌生而不熟悉？前一種情況是一種相當特異的背景脈絡，後一種則顯得通俗廣泛。任何一種情況基本上都還算妥當，但是對於契約的腳本意義可能有不同的影響。他們對你和個案要如何了解契約何時完成的這個問題，也可能有所影響。

最後，如果個案表示**並未**在形象化的歷程中填滿所有的細節，那該怎麼辦呢？有時候這種情況的確會發生。例如，個案可能看不到圖像的某個部分，或者只能模糊地瞥見。他可能會表示並未經驗任何的感受。這些形象化中的落差可以供做診斷的用途。在我的經驗中，它們**總是**警告你與個案仍需要注意腳本的某些領域。假如個案看不到某些東西，這意味著如果他真的看到了，那麼在腳本中他賴以依存的參考結構將會受到威脅與挑戰。

因此，如果個案在形象化的歷程中，表達了這塊不完整的領域，在進行任何進一步契約訂定的程序之前，先行追蹤這塊領域總會是個好辦法。有時候直接以成人的問題加以詢問，就已經有助於個案將腳本議題帶入覺察層次 —— 例如，「我在想你是不是可能正藉由不讓自己看到圖像的這部分來進行抵抗？」

取而代之，有不同的方法可以採用，句子完成的作業可以導入**兒童**的素材。你可以提供個案某些未完成的句子，例如：「不要讓自己在這個場景當中感覺到任何的感受，因為我害怕**果真**感覺到它們，那麼就會……？」然後要個案至少以五種方式完成句子。

> **關鍵要點**
>
> - 形象化促使個案在腦海中「將契約活化」。你可以好好利用我在本章所描述的形象化練習。
> - 雖然這項練習稱為「形象化」，但是要求個案建構富含感官內涵的表徵，不僅是他可以看到的部分，也包括可以聽到與感覺到（或許還有聞到與嚐到）的部分。

第 5 篇

⌬⌬ 運用歷程模型 ⌬⌬

歷程模型是一種評估人格，以及規劃有效介入的架構。這個 109
模型最初是由 Taibi Kahler（1974, 1978, 1979a, 1979b）所提出。
而另一位交流分析的先驅 Paul Ware（1983）則創造了六種**人格調
適型態**的診斷系統，如今與 Kahler 的概念整合成為完整的**歷程模
型**。

自 1970 年代中期，Kahler 與 Ware 便已經開始發展這些概
念。我相信它們為當代交流分析做出最具實用性的貢獻，提供你
在交流分析實務工作上相當多的幫助。即使交流分析並非你主要
的諮商取向，還是可以充分地運用這組技術。

歷程模型診斷的核心技術就在於偵測**驅力行為**（第 17 章）。
了解個體的驅力型態，你便可直接對其主要的**人格調適型態**做出
可靠的判斷（第 19 章）。如此可以讓你直接鍵入其他有關個案腳
本的豐富資訊，並對諮商歷程的方法做出最好的規劃。本篇其他
各個章節將深入描述所有這些特點。

CHAPTER 17 成為一位遊刃有餘的「驅力偵探」

辨認**驅力行為**的技術是有效運用**歷程模型**的核心（Kahler, 1979a, 1979b）。我在本章描述定義驅力的五種「行為組合」，並提供你如何偵測的實務建議。

🌿 驅力就是「行為組合」

你可以回顧第 1 篇第 5 節，Taibi Kahler 為五種驅力行為命名，分別是：

110

- 要完美；
- 要堅強；
- 努力嘗試；
- 討好你；
- 要趕快。

每項名稱都是某組特定**行為**組合的標籤。個體在很短的時間內表現出這些行為，通常每次不會超過半秒鐘。藉由每半秒鐘為單位觀察這些行為，你可以有效地鑑別診斷不同的驅力。

每一種「行為組合」都由**文字**（words）、**聲調**（tones）、**手勢**（gestures）、**姿勢**（postures）與**臉部表情**（facial expressions）所組成。表 17.1 中列出定義各項驅力的行為組合。

根據運用**歷程模型**的經驗，我將 Kahler（1979b）最初所發展的驅力線索表稍微做了兩項修訂。首先，我增添了一些 Kahler 未列舉的行為，我相信這些行為是某些特定驅力的可靠線索。（我要

強調我是根據**觀察**所得到的證據進行增修 —— 也就是說，因為我經常看到人們表現出這些行為，與人們所討論的這些特定驅力的線索同時發生。由於我相當程度地認為這些行為「應該」歸屬於這些特定的驅力，因此我**並未**增加額外的驅力類型。）我在表 17.1 中將這些增添的線索以星字符號標示。

我的第二項建議是要強調，在我的經驗中，某些行為最可能具有診斷驅力的價值。這些行為我會在表 17.1 中以粗體字標示。

偵測驅力行為

在尋找驅力行為時，以下三點指示你需要牢記在心：

1. 習慣以 0.5 秒為單位做觀察。
2. 尋找行為線索的群集。
3. 選定個案的關鍵驅力。

習慣以 0.5 秒為單位做觀察

第一項偵測驅力的實用指南就是：你要習慣以 0.5 秒或 0.25 秒為單位做觀察，而不是以分鐘、小時或者一次會談為單位。

例如，思考以下這段對話：

諮商師：所以，你要告訴我想在今天的會談中獲得些什麼呢？

個　案：嗯……〔他往上仰望，側臉向右，嘴角往外輕移，並把所有手指放在胸前。〕好吧！〔他提高語調，並把最後一個音節上揚。此刻，他眉角上揚，額頭出現平行的皺紋；然後睜大雙眼，張嘴露出上排牙齒，身體則傾向諮商師，掌心向上，伸出雙手。〕

112

表 17.1　驅力的行為線索

驅力	文字	聲調	姿勢（手勢）	姿態	臉部表情
要完美	使用插入語的措辭 間歇地計算數字 「因為它是……」 「因為我們已經看到……」 「那就是說……」	部分省略的 平穩的 調整良好的 精確的說明	用手指計算 撫摸下巴 指尖比出「尖塔狀」（V字型）*	挺直站立 完美均衡的 中線（像一個人）	眼睛往上看 （不常往下看） 而且經常在停頓 時轉向一側 嘴唇有點緊繃並歪 向嘴角 *
要堅強	「冷淡的」，例如：） 「你惹我生氣」 「這干擾我」 「感覺很好」	單調的 沒有變化的 通常是低沉的	很少沒有手勢	靜止不動 封閉的（手臂與雙腿交叉）	不動的 面無表情的
努力嘗試	「我會嘗試……」 「我不能……」 「它很困難……」 「嘎？啥？什麼？」 「不要讓你……」	低沉的 緊張的 壓抑的 遲疑的	把手擺在頭上 （好像急著要看到 或聽到什麼的）* 緊握拳頭	緊張地向前 弓背聳肩	眉頭緊鎖 （鼻子上排列成 兩條垂直線）
討好你	「（高）……但是…… （低）」 「OK？好不好？」 「有種，有點？」 「嗯？」	高的 吱吱響的 句子結束時語調 上揚的	頭點 伸出手（經常手 掌向上）	聳肩前傾 身體前傾靠近他人	臉部朝下 揚眉往上看 眉毛皺成水平線 誇張的笑容，露出 牙齒
要趕快	「快」 「趕快走」 「我們走」 「沒時間了」	敦促聲 機關槍一般 句子都擠在一起 急急忙忙	輕敲手指 擺動雙腳 蠕動身體	踩動地變換 姿勢	快速、頻繁地移動 目光

資料來源：Kahler（1979b 與工作坊的演說）。作者進行修訂的部分則以粗體字與星字號標示。

　　讀完以上敘述要比事情發生的歷程費時許多。個案在真實世界裡卻只需要一秒鐘的時間，就可以展現所有的行為。期間他首先表現**要完美**的驅力，然後是**討好你**。

　　假設你願意把它轉換至非常短的時間架構上，你會發現很容易可以偵測到驅力行為。確實需要相當程度的練習，才能習慣這種需要以秒為單位的觀察。然而，在偵測驅力當中，你不會被要求得挑出隱微的微觀行為。驅力是根據可被觀察而且**快速**的巨觀行為來作為定義的。

尋找行為線索的群集

　　Taibi Kahler 強調：「並非一項行為線索就可用來斷定一種驅力。」（Kahler, 1979b: 20）要達到有效偵測驅力的目標，你得觀察與聆聽一個**群集**的線索，包含五種行為領域的全部行為：文字、聲調、手勢、姿勢及臉部表情。我在實務上給你的忠告是：只有在至少觀察到三種驅力線索**同時**出現時，才可以對驅力做出診斷。

選定個案的關鍵驅力

　　當你正在進行驅力的偵測，幫助你對腳本的其他領域進行診斷時 —— 也就是說，你正要運用**歷程模型** —— 那麼，判斷個體的**關鍵驅力**便顯得十分重要。這是個案在一段談話的樣本中，最常出現的驅力。它也經常是在溝通的應對中，**最先**出現的驅力。

　　一般人典型地在每次的互動中，會在相當頻繁的時間間隔內表現出驅力行為。在任何一段持續兩分鐘的談話樣本中，你通常都會看到與聽到夠多的驅力線索，可以用來判斷個案的關鍵驅力。

　　此刻你與個案談話的**內容**經常是答非所問。你正在觀察歷程〔如何（how）〕，而非內容〔什麼（what）〕。

留意經常發生在你對個案說話或提出問題後的**停頓**，是個不錯的方法。在這停頓期間，個體經常會表現出自己的關鍵驅力。

大部分的人表現出五種驅力行為中的一種，很清楚地就是他們的關鍵驅力。少數人會表現出兩種驅力，並且以相同的頻率出現；還有更少數的人會表現出三種或者更多的驅力，並同時占有關鍵的地位。

根據我的經驗，在驅力行為中，**要趕快**會以許多怪異的方式表現出來。你很少可以觀察到它成為一項關鍵驅力，反而最常成為一種次要的驅力，並用來增強關鍵驅力。

驅力線索：某些額外的暗示

有關驅力的發掘，這裡還有一些「錦囊妙計」。首先，當你以秒為單位觀察個案時，你也會注意他是否顯現出任何一種不屬於驅力的行為線索。 然而，你將很快發展出能力，區分五種不同「類型」的行為線索；它們分別一致地出現，象徵不同的驅力行為。

其次，**插入語**的使用則提供了一種特別有效的線索，代表**要完美**的驅力。插入語的效果是讓人在說完話前，有機會加入一項或更多的有效訊息。一些例子如下所示：

- 「我的意圖 —— 如同我在今天的會議上所說，還有之前很多場合裡清楚的說明 —— 就是要針對這種處境採取行動。」
- 「這本書，你可以說，是交流分析的簡明指引。」

第三，雖然片語「我要嘗試……」經常與**努力嘗試**的驅力有關，然而它本身**並沒有**診斷的功能。在判斷「我要嘗試……」是否反應**努力嘗試**的驅力之前，你需要檢查來自於語調、姿勢等附屬的線索。

還有第四點，展現驅力行為**討好你**的人，經常會使用一種

114

「（高）……但是……（低）」的文句形式。句子以興奮地指出某人
發現的光明面作為序幕，緊接著出現一個槓桿的支點，經常是以
「但是」來表達，最後則以描述令某人不愉快的「負面」事件做結
束。以下有一些例子：

- 嗨，我正享受這場宴會。但是，喔！親愛的，明天早上還有
  讓我頭大的事情要辦。
- 我認為你的教學棒極了！但是，我不能確定是否已經真正地
  了解你。

注意：你並無法藉由觀察內容而發現驅力

為了有效偵察驅力，你必須專注於**歷程**。你無法透過觀察某
人行為的**內容**來發掘驅力。

舉例來說，假設你注意到某人「想要完美地做事」。本質上
那可能確實與這個人有關，但是他**並不會**被診斷成為**要完美**的驅
力。「要把事情做得完美」必須與人的行為內容有關，卻不必然與
歷程有關。如果你確實想知道這個人是否展現出**要完美**的驅力，
你會以秒為單位，檢查他是否經常使用插入語的語言形式，在停
頓中向上仰望，或者以手指計算著些什麼。

同樣地，假設另一個人被問到「你認為討好別人重要嗎？」
時，回答表示「是的」。這點再度提供你某些訊息說明他的人
格，但是卻**不能**作為用來診斷**討好你**驅力的方法。一如其他所
有的驅力，**討好你**這個驅力包含一組相當特殊卻持續短暫的行
為。你要發掘**討好你**的驅力，並非尋找一般性所謂的「討好」
（pleasingness）。而是要檢查這個人是否時刻揚起眉頭，齜露上排
牙齒，仰望卻把臉朝下，彎腰駝背掩住耳朵，並以高亢揚升的語
調說話。

交流分析學界及其他領域的一些作家，他們整本書的寫作都是基於錯誤的概念，認為可以由內容發掘驅力。一些學識淵博的學者也同樣基於錯誤的理解，投入時間與資源發展問卷的調查研究。事實上，這些書只不過是神話故事，這些問卷的結果也不值得寫成論文投稿期刊。你現在應該知道如何在諮商的實務工作中不再犯相同的錯誤。

驅力行為是「進入腳本的法門」

在本篇緊接下來的幾個章節當中，我將描述發掘驅力如何讓你獲得診斷歷程模型的其他特徵。然而，即使少了這項好處，觀察驅力本質上就已經很有功效。這是因為驅力行為正是「進入腳本的法門」。你可以運用這項事實進行診斷，或者即刻轉向，面質所懷疑的腳本信念。

Kahler 早期有項關於驅力行為的發現，聲稱緊接在一個人經驗到扭曲感覺，或在內心「聽到」禁令之後，總是會顯現驅力行為（Kahler, 1974）。一般普遍認為，個體無可避免得經過驅力的「法門」進入腳本。

這點對你而言意義深遠。許多情境有助於你了解某個特別的行為或述說的情感是否屬於腳本的成分。舉例來說，假設個案在笑，這究竟是絞架上的笑（gallows laugh）[1] 或是自發的笑呢？或者假設他在表達憤怒，這究竟是扭曲的情感或是真實的憤怒呢？

此刻，驅力行為的線索會為你解答：就在個案笑或表達情感之前，是否涉入驅力行為呢？如果答案是「沒有」，那麼你就知道個案並未進入腳本。

---

1 譯註：在絞刑用的絞線上，大難臨頭，卻發出很不搭軋的笑聲。

　　然而，請注意，倒推過來並非必然有效。如同先前我的說明，個體在進入腳本之前總是會顯現出驅力行為。但是個體也可能出現驅力行為，但**並不會**進入腳本，他反而可能只是脫離驅力而進入非腳本的感覺與行為。因此，綜合來說：

1.　如果**沒有**驅力行為：後來的感覺或行為就不屬於腳本。
2.　如果有驅力行為：後來的感覺或行為**可能**屬於腳本，也**可能不**屬於腳本。

驅力行為本身就是反腳本的一種表現

116

　　除了作為個體進入腳本的法門之外，驅力行為本身也反映個體已經在內心重播自己的腳本信念（Kahler, 1974）。這些腳本信念全都是**反腳本**的一部分（回顧第 1 篇第 4 節）。每個腳本信念都有這樣的形式：「**只要……，我就是 OK 的**」。

　　在表 17.2 當中，我緊接在五種驅力的名稱之後，列出反腳本的標語。

表 17.2　隱藏在驅力行為下的反腳本信念

驅力	反腳本信念
要完美	唯有做好每件事，我才是 OK 的。 （因此，必須顧及所有細節才能完成事情。）
要堅強	唯有否認我的感覺和需要，我才是 OK 的。
努力嘗試	唯有持續努力嘗試，我才是 OK 的。 （因此，我並不會真正實踐我所嘗試做的事情；因為如果我真的實踐了它，我將沒有機會再努力嘗試了。）
討好你	唯有討好其他人，我才是 OK 的。
要趕快	唯有趕快，我才是 OK 的。

資料來源：參考 Kahler（1974, 1978）的資料進行編輯。

如果你願意的話，可以在觀察到個案表現出驅力時，立即面質對應於反腳本信念的內容。以下有些案例：

個　　案：〔向上仰望並轉向一邊，敲打著手指〕我想做的，一如我過去所說的，就是告訴你，我究竟想要從今天的會談得到什麼。

諮商師：讓你開始約略地告訴我你想要什麼，這樣 OK 嗎？〔面質要完美的腳本信念。〕

個　　案：〔往前聳肩，眉頭深鎖成兩條直線，語調緊張〕嗯，喔……，我們在談的事情對我來說似乎很困難，但是……嗯……我要試試看。

諮商師：嗯，是啊，「試試看」將是你可以做的一件事。或許你就只是需要往前進並採取行動。那是怎麼緊抓著你呢？〔面質努力嘗試的腳本信念。〕

我將在第 21 與第 22 章，談論更多關於如何針對不同的驅力行為，運用接觸領域（contact areas）與溝通頻道（communication Channels）的概念，對介入的方法進行微調。

117

關鍵要點

- 以秒為單位，仔細地觀看與聆聽，分辨定義五種不同驅力的「行為組合」。
- 注意驅力行為如何成為「進入腳本的法門」。
- 你透過在歷程模型中輸入其他的資訊，以診斷的角度來運用你對驅力的觀察（參考以下的章節）。你也可以直接面質潛藏在腳本行為下的反腳本信念。

18 避免引發驅力

　　如果你和個案溝通時表現驅力行為，就有機會促使個案以另一種驅力行為做回應。這可能是他自己的關鍵驅力，或是針對你表現的任何一種驅力所做的反應。正如 Taibi Kahler 所說：「驅力引發驅力。」（1979b）

　　因此，在執行諮商工作時，盡量讓自己遠離驅力行為是很重要的。你可以運用我在本章所提出的建議，達成這項目標。

驅力行為是對反腳本的一種引信

　　為什麼「驅力引發驅力」呢？藉由思索驅力行為的腳本意涵，我們可以獲得答案（回顧第 17 章與第 1 篇第 5 節）。每當驅力外顯地展現時，我的內心也正重播了反腳本信念。

　　舉例來說，在諮商進行時的歷程中，我可能採用了**要完美**的驅力行為。在我這麼做的同時，內心正在表達我的反腳本信念：「我非得先做完水岸邊所有的工作，才可以來完成身邊的事務。」

　　雖然超乎個案的覺察範圍，但他的確注意到我的驅力行為。個案在心理層面擷取了我的腳本信念，於是他很可能在未覺察的情況下對**自己**說：「要在這裡以 OK 的狀態存在，你就得追求完美。」（或許是**努力嘗試、討好他人**，抑或遵循自己在兒童時期最常聽到的任何訊息。）換句話說，個案的內心敘述著反腳本信念。而他的外在則藉由展現某種驅力行為，象徵他的信念。

　　這就是為什麼每次在你表現驅力行為的同時，也引導了個案進入他自己的反腳本。很清楚地，這是你竭盡可能想要避免的

118

結果。在你觸動個案驅力的同時，也正不經意地破壞了諮商的目標。

尤其當你正在進行驅力的觀察，幫助自己進行診斷，如果你表現出自己的驅力行為，可能因此妨礙正確的評估。在那種情況下，個案的某些驅力行為可能只是反應你的驅力行為罷了。

個人工作對諮商師的重要性

因為驅力行為是腳本的表現，由此可知，你可以藉由改變為更遠離自己的腳本 —— 透過個人接受諮商或心理治療，降低驅力的強度與頻率。當然，身為一位臨床工作者，個人工作無論如何都有其必要。

然而，Taibi Kahler 肯定地表示，在一般性談話的大部分時間裡，即使是最不受腳本影響的個體，仍然會涉入驅力行為（Kahler, 工作坊的演說）。Kahler 因此表示，單純地接受個別諮商或治療，並無法保證身為臨床工作者的你在進行溝通時不受腳本的影響。花時間刻意練習讓自己保持不受腳本影響，會是不錯的點子。

即使是最有經驗的諮商師，也沒有人自始至終都可以成功地脫離腳本的影響。然而它卻是一個比率的問題 —— 你越是成功地脫離驅力，個案也更可能與你一樣脫離腳本。

避免在文字模式中出現對驅力的典型邀約

你可以在諮商中有效避免某些常見的文字形式，對於持續遠離驅力會有所幫助。這裡有些諮商師最常使用，並帶有驅力意味的文字，我會以標楷體標明其驅力的線索。在每個例子之後，我會提出建議說明脫離驅力的解釋。

1 (a) 「**明確地告訴我你想要什麼**。」（邀請要完美）

1 (b) （脫離驅力）「告訴我，你想要什麼。」

2 (a) 「那使你感覺起來如何？」（邀請要堅強）

2 (b) （脫離驅力）「你對它有什麼感覺？」

3 (a) 「有什麼想法出現在你腦海呢？」（邀請要堅強）

3 (b) （脫離驅力）「你正在想什麼？」

4 (a) 「**你可以告訴我，你的意思是什麼嗎？**」（邀請努力嘗試）

4 (b) （脫離驅力）「你的意思是什麼？」

5 (a) 「試著跟我解釋你的意思。」（邀請努力嘗試）

5 (b) （脫離驅力）「你可以對我解釋你的意思嗎？」

6 (a) 「**你想繼續，或是想要停下來呢？**」（同時問了兩個問題：
邀請努力嘗試）

6 (b) （脫離驅力）「現在你可以繼續進行，也可以停下來。你想
要哪一個？」

7 (a) 「**我希望你表達你的感覺**。」（邀請討好你）

7 (b) （脫離驅力）「請你隨自己的意思，選擇是否想表達感覺。」

避免非口語的驅力信號

要讓任何形式的文字真實地脫離驅力，你也需要在詢問時，
避免送出其他的驅力行為訊號。

舉例來說，假設在上述最後的例子中，諮商師使用了不具驅
力特性的用詞：「請你隨自己的意思，選擇是否想表達感覺。」但
是，假設在他這麼說的同時，也有以下這些行動：

■ 用了比平常更高頻率的聲音，甚至在最後幾個字更為高亢；
■ 身體趨向個案；
■ 以一種「逼近」的姿態，手掌向上對個案伸出雙手；
■ 蹙緊眉頭，向上凝視個案；
■ 露出上排牙齒「微笑」。

當然，諮商師確實透過這些行為展現討好你的驅力。 因此，他將會邀請個案回應討好你的驅力（或是另一種驅力，雖然比較不可能）。

你會注意到這組行為的畫面，經常在諮商的情境中被形容為「溫暖的」或「接納的」。（如果你願意，可以面對鏡子做個角色扮演來測試一下。）這強調了一種可能性，也就是說諮商師或許**學到**某些行為，有可能潛在引發個案的驅力行為，其中某些行為甚至還可能會在一些諮商訓練中被教導或模仿。

維持傳統毫無表情的「撲克臉」，一點都不揭露他的狀態、行動、姿態或語調，還真的是諮商師或心理治療師通常被認為的優良行為。個案很可能在沒有覺察的狀況下，將這種面無表情的行為解讀為對**要堅強驅力行為**的一種邀請。

自我督導　發現自己的驅力行為

經驗顯示，人們經常會發現，即使相當熟悉別人驅力的線索，但是要評估自己的關鍵驅力仍有其困難。因此，初步評估自己的驅力行為，唯一可靠的方法就透過熟知驅力線索的他人對你進行觀察。

如果可行的話，在諮商中為自己與個案進行錄影。你也可以運用錄音記錄會談，不過那是第二種選擇，因為你只能聽到驅力行為在聲音上的線索。選擇一段不超過五分鐘的會談錄音內容。

如果沒有錄影的手勢、姿勢與臉部表情，那麼就注意文字型態與聲調。千萬記得，驅力訊號的展現通常不超過一秒鐘。特別要注意暫停的時候。參考表 17.1，並注意下列各項內容：

1. 你的個案在哪些點上顯現驅力行為？在這些點上，他都顯現哪種驅力呢？

2. 你在什麼點上顯現驅力行為呢？哪一種驅力？

3. 重複播放錄音帶以回顧驅力的交互作用。當你或個案顯示某種驅力時，另一個人是否也回應某種驅力呢？

4. 在錄音帶的事證中，你判斷個案擁有哪種關鍵或主要的驅力？

5. 你判斷自己具有哪種關鍵或主要的驅力？

6. 練習讓自己在展現驅力行為之前，便能掌握它。轉換為沒有驅力訊息的溝通。如果有可能的話，可以透過更多的會談錄影獲得更進一步的回饋。

尤其是在不能對會談進行錄影的情況時，另外一種練習避免驅力的有效方法，就是組成至少有兩名成員的同儕團體。在團體中，彼此輪流擔任諮商師與個案，另一位或其他幾位成員則擔任觀察者，尋找驅力的線索。每回「諮商」只需持續不超過三分鐘的時間。在段落的最後，觀察者根據第一與第五項的建議，就驅力線索給予回饋。

你可以透過更多的回合，繼續練習如何讓諮商師持續遠離驅力。在每一回合諮商的最後，觀察者給予回饋，並說明在諮商師與個案的互動中看到與聽到什麼，有哪些不同的觀察。

使用溝通頻道

我在本章當中已經建構好你的任務，也就是要**避免**附帶驅力行為的溝通。它本身就是一種有效能的技術。然而，**歷程模型**不僅讓你避免溝通中的驅力行為，同時也積極地選擇了可以**替代**驅力行為並正向處理事情的溝通模式。你可以藉由**溝通頻道**的運用，成功達到目標。我會在第 22 章進行深入的描述。

關鍵
要點

- 你要習慣挑出自己的驅力行為。
- 在諮商會談中，就在每個驅力行為表現出來之前便掌握住。選擇一個不受驅力影響的替代行為。

19 分辨六種人格調適型態

診斷歷程模型的核心要務就在於評估**人格調適型態**。這些就是個體可能用來因應世界的六種方法，特別是在面對壓力的情況下。我在本章將描述如何辨認這六種調適的型態。

🍇 了解人格調適型態會有什麼功用？

當你了解了個案主要的人格調適型態，就能直接輸入額外可運用在個案身上的所有資訊。每種調適型態都具有其獨特的**腳本信念**，據此看待自己、他人與這個世界。順著這些調適型態，很可能會表現出個體在腳本中典型的情緒與行為模式 —— 也就是他們的**扭曲系統**與**扭曲感覺**。這方面的知識有助你選定最有效並符合個案需求的治療方向。

同樣地，每種人格調適型態也有其典型的正向特質，個案可以建設性地加以運用。你可以規劃你的治療，促使個案擴大這些力量。

透過了解某個人的人格調適型態，你也可以得到指引，知道如何與其開啟並維持接觸。為了達到此項目標，你得針對處理個體的思考、情感或行為三種**接觸領域**，對其序列進行系統性的選擇，這就是所謂的「**威爾氏序列**」（參考第 21 章）。你仍然可以藉由選擇五種**溝通頻道**之一，進一步促進治療關係。這意謂你得決定**如何**表達自己的想法。有關人格調適型態的知識也有助於你做這項選擇（參考第 22 章）。

六種人格調適型態

人格調適型態的概念是由 Paul Ware（1983）所創建。Ware
指出，每一個小孩在腳本形成的部分歷程中，都決定了一組用來
維護生存與滿足需求的基本策略。個體有時會在成人生活中再度
使用這些策略，特別是在面對壓力的處境下。於是他們便表現出
各種適應這個世界的方法。Ware 將這些策略區分為六種主要的組
合，它們相應於 Ware 所列出的六種人格調適型態。

Ware 表示，所有的「正常」人某種程度都會表現出所有的六
種調適型態。然而，我們大部分都會有一種主要的調適型態。有
時候個體會顯示出兩種左右的調適型態。

Ware 所提出的六種人格調適型態，顯然與精神醫學的正式診
斷類別相呼應。他引用臨床精神疾病診斷的名稱來命名，然而，
Ware 強調，如此的標示並不必然在於反應臨床觀點上的精神病
理。某人可能顯現威爾分類中的一種或多種特質，然而在臨床上
仍是「正常」的。只有在個體所顯現的特定調適型態，明顯地干
擾個體日常生活功能的運作時，才可做出正式的臨床診斷。

為了凸顯這一點，我會使用一組 Vann Joines（1986）所建議
的替代名詞，來為人格調適型態命名。我在下面列出這些名詞，
每一個傳統的診斷名稱後面附帶地標明 Paul Ware 所提出的調適
型態。〔我採用目前較常用的「戲劇型」（Histrionic）一詞，替代
Ware 最初所提出的「歇斯底里」（Hysteric）一詞。〕

- 強迫型（負責的工作狂）〔Obsessive-compulsive（Responsible Workaholic）〕。
- 妄想型（聰明的懷疑論者）〔Paranoid（Brilliant Sceptic）〕。
- 分裂型（創意的白日夢者）〔Schizoid（Creative Daydreamer）〕。

- 被動攻擊型（手法高明的批評者）〔Passive-aggressive（Playful Critic）〕。
- 戲劇型（熱情的過度反應者）〔Histrionic（Enthusiastic Over-Reactor）〕。
- 反社會型（獨具魅力的操縱者）〔Antisocial（Charming Manipulator）〕。

Joines 藉由附加在每項名稱之後的形容詞，強調每種調適的模式都有它的優點與問題。

如果你習慣進行傳統的精神診斷，你只需要透過臨床診斷評估的方法，標明相同性質的人格特質，將 Ware 提出的基模（scheme）類型運用到「正常」的個案。然而，相對於符合臨床診斷的個案，你可以預期這些特質會表現得較不顯著或強烈。表 19.1 列出定義每種人格調適型態的人格特質（Ware, 1983; Joines, 1986）。

自我督導	**根據質性事證評估人格調適型態**

思索一位正與你合作的個案。參考表 19.1。根據至今你對個案的認識作為事證，對其主要的人格調適型態進行初步的判斷。你只需要透過檢驗表列中的質性特質，了解個案所擁有的特質「群集」，有多少程度符合所列的調適型態。

125

124

表 19.1　定義人格調適型態的特徵

調適	特徵	描述
工作狂 （強迫型）	一致 認真 負責 可靠	完美主義者 壓抑的 認真的 負責的 緊張的 可靠的 有組織 乾淨的
懷疑論者 （妄想型）	思想固執 狂妄自大 投射 思考清晰 警戒 注意細節	過度敏感的 多疑的 善妒的 羨慕的 博學多聞的 小心翼翼的
白日夢者 （分裂型）	退縮被動 做白日夢 迴避 疏離 藝術能力 創造性思考 顧慮他人	害羞的 敏感的 怪異的 關心的 支持的 愉快的 仁慈的
批評者 （被動攻擊型）	被動攻擊 憎恨 過度依賴 決心為自己著想 衡量議題的正反兩面	妨礙的 頑固的 任性的 忠誠的 精力充沛的 動人的 風趣的 頑強的

表 19.1　定義人格調適型態的特徵（續）

調適	特徵	描述
過度反應者 （戲劇型）	興奮	不成熟的
	情緒不穩定	自我中心的
	過度反應	徒然的
	戲劇性的行為	依賴的
	尋求注意	愛玩的
	誘惑	具有魅力的
	充滿能量	與人相處愉快的
	顧慮他人的感受	
	想像的	
操縱者 （反社會型）	與社會衝突	自私
	低挫折容忍度	麻木
	需要興奮感與戲劇性	不負責任
	精力旺盛	衝動
	目標導向	魅力
	很會站在自己的立場思考	非凡的領導力
		積極
		清晰
		操縱

資料來源：Ware（1983），以及 Joines（1986）提供的額外資料。

驅力如何顯示出人格調適型態

125

　　你可以在初見個案的幾分鐘內，直接對個案的人格調適型態做出判斷，無需經過傳統「歷史資料評估」（history-taking）的過程。你可以透過觀察個案的驅力行為達成這項目標。

　　藉由關注個案的**關鍵驅力**（回顧第 17 章），你可以有效地診斷個案的人格調適型態。表 19.2 列出驅力與人格調適型態的對應

126

關係。在每種人格調適型態當中，經常有次要驅力伴隨著關鍵驅力，括弧內標明的就是這些次要的驅力。懷疑論者的調適型態，則被標明為等量兼具要完美與要堅強兩種驅力訊息的組合。

表 19.2　關鍵驅力與人格調適型態間的對應關係

關鍵驅力	人格調適型態
要完美 （要堅強）	工作狂
要完美 = 　要堅強	懷疑論者
要堅強 （努力嘗試或討好你）	白日夢者
努力嘗試 （要堅強）	批評者
討好你 （努力嘗試或要趕快）	過度反應者
要堅強 （討好你）	操縱者

注意：括弧內容表示可能的次要驅力
資料來源：Ware（1983）引自 Kahler（1979b）。

自我督導　**透過驅力的事證評估人格調適型態**

　　現在，針對你剛才選定作為自我督導的個案，檢討你對他主要人格調適型態的質性評估。並與你對他的驅力行為的解讀做比較。一一檢驗這兩組線索。驅力與人格調適型態兩者是否符合表 19.2 中所列的雙邊關係呢？

　　如果不符合，則要檢討你對兩組線索的評估。驅力與調適型態兩者間具備高度相依的對應關係。明顯錯誤配對最常見的理由，就是未能正確辨識個案的關鍵驅力。

人格調適型態與腳本內容

在接下來的幾章當中，我將為你解釋如何運用人格調適型態的知識，提供診斷**歷程模型**的其他重要特徵，特別是有關個體的**接觸領域**（第 21 章）與**溝通頻道**（第 22 章）。不論如何，即使沒有多麼重要的好處，了解個案的人格調適型態還是可以提供你及時的線索，了解個案腳本的許多其他特徵。這些是屬於腳本**內容**的特徵（有關「什麼」），而非腳本**歷程**（有關「如何」）。

每種人格調適型態伴隨著「一群」典型的**腳本訊息**與**扭曲感覺**。如果你是使用腳本問卷，這些當然是你得調查的兩個主要特徵（回顧第 6 章）。透過了解個體人格調適的主要型態，可以對腳本內容發展出良好的初步輪廓。同時，你可以在兩分鐘的談話時間當中，獲得關鍵驅力的事證，可靠地判斷個案的人格調適型態。而且，就**歷程模型**而言，談論**什麼**內容總是不太重要。你可以利用溝通的**歷程**，甚至是個案對你解釋所面對的問題**內容**時，進行**歷程模型**的診斷。

然而，這裡仍需要謹慎以對。人格調適型態與腳本信念間的對應關係是機率的問題，而非篤定的是與非兩種選擇。以這個角度看來，它與驅力和人格調適型態間的關聯並不相同。調適型態與關鍵驅力間具有完全對應的關係。舉例來說，如果我清楚地發現某人的關鍵驅力是**要完美**，那麼我就可以**確認**他的主要人格調適型態會是**工作狂**這類型。然而，當我要繼續預測他最重要的腳本訊息與扭曲情緒時，我對他主要調適型態的了解，也只是有助於我做粗略的推測。

舉例來說，我能從各項表列的內容中，了解**工作狂**這類型的人擁有包括**不要親近**的「典型禁令」。這讓我知道，這位**工作狂**的個案，腳本中最顯著的禁令很可能會是**不要親近**。然而，為了

127

更可靠地解讀個體的腳本，我將對他獨特的腳本內容做更長期的觀察，據此作為判斷的依據。運用腳本歷程對腳本內容所做的解讀，在提供你對腳本初步的「快照」（snapshot）上最有效果，然後你可以透過正式的腳本分析繼續進行再確認的動作。

　　當然，有時候你可能只有少數幾次的時間，與某位個案進行合作。在這些情況下，能夠使用**歷程模型**讓你對一個人最可能的腳本內容進行快速地瀏覽，會格外有所助益。

　　請牢記這些重點，運用你對個案主要人格調適型態的了解，可以利用表 19.3 與 19.4 對個體最可能擁有的禁令與扭曲感覺做個「快照」。

☘ 提醒：驅力指出反腳本的信念

　　截至目前為止，除了擁有個案可能的禁令與扭曲感覺的可靠指引之外，你也知道某些有關他的反腳本的內容。回顧第 17 章，當中的內容便指出，驅力行為本身就已經指出反腳本的訊息（表 17.2）。因此，運用**歷程模型**所做的診斷，已經提供你有關個案腳本**內容**有用的初步輪廓。

表 19.3　相對於各種人格調適型態的典型禁令　　128

調適	典型禁令
工作狂（強迫型）	不要像個孩子（不要享樂） 不要感覺（快樂、性） 不要親近
懷疑論者（妄想型）	不要像個孩子（不要享樂） 不要親近 不要感覺 不要有所歸屬
白日夢者（分裂型）	不要做到 不要有所歸屬 不要享樂 不要神智清醒 不要長大 不要感覺（快樂、性、愛） 不要思考
批評者（被動攻擊型）	不要長大 不要感覺 不要享樂 不要親近 不要做到
過度反應者（戲劇型）	不要長大 不要思考 不要看重自己 不要成為你原來的性別（男性）
操縱者（反社會型）	不要做到 不要親近 不要感覺（害怕、難過） 不要思考（著眼於解決長遠的問 　題；對運用思考來打敗或者 　「愚弄」別人感到 OK）

注意：除了人格調適型態的其他各種典型禁令之外，「不要存在」的禁令可能存在於所有六種人格調適型態的腳本訊息當中。

資料來源：由 Joines（1986）引用自 Ware（1983），並加以修訂。

129 **表 19.4　各種人格調適型態中典型的扭曲感覺**

調適	扭曲感覺
工作狂	激怒 焦慮 憂鬱 掩蓋住憤怒的罪惡感 掩蓋住悲傷的憤怒
懷疑論者	妒忌 羨慕 猜疑 苛責別人 掩蓋住驚慌的憤怒
白日夢者	焦慮 煩惱　　掩蓋住憤怒與傷心 悲傷 困惑（空虛）
批評者	正當的憤怒 掩蓋住對他人憤怒的困惑感 掩蓋住傷心的挫折感
過度反應者	驚慌 悲傷　　掩蓋住憤怒 困惑 掩蓋住驚慌與傷心的憤怒
操縱者	無可責難 困惑 掩蓋住驚慌或悲傷的憤怒

資料來源：由作者引自 Kahler（1979b），Ware（1983）與 Joines（1986）。

自我督導　腳本信念與人格調適型態

回顧你對個案的驅力行為與人格調適型態所做的評估。

1. 對照表 17.2 的內容，注意對應個案關鍵驅力的反腳本信念。

2. 請注意表 19.3 當中，與個案主要人格調適型態有關的典型腳本訊息。

3. 如果還沒有與個案完成正式的腳本分析（第 6 章），現在就把它完成。就根據驅力與人格調適型態的事證，所列出之腳本訊息與信念的內容，進一步地做比對。這兩份表格的內容彼此一致的程度有多少？

4. 衡量兩份表列內容一致與差異之處，並擬定一份整理後內容一致的表格。你也可以檢討自己對個案關鍵驅力與人格調適型態的評估。

130

關鍵要點

- 評估個案的人格調適型態。透過觀察其人格特質與檢驗驅力行為來達成目標。

- 你可以運用你對人格調適型態的知識，深入歷程模型更進一步的特徵，或給自己對個案的腳本內容一份「快照」——抑或兩者兼具。

20 面質歷程腳本

　　引導個案改變腳本的主要工作之一，就是讓自己與個案都能對腳本歷程保持覺察。除了面質個案腳本的**內容**之外，你也可以面質腳本**歷程**，引導個案進行改變。我會在本章就執行方法提供一些建議。

歷程模型的六種型態

　　你可以回想第 1 篇第 5 節的內容，其中指出「腳本歷程」是腳本的「如何」（how）這部分，而「腳本內容」則是腳本的「什麼」（what）這部分。腳本內容反應個案腳本敘述些什麼，腳本歷程則表示個案如何經歷一段時間，將腳本在生活中加以體現。Eric Berne（1972）描繪六種不同型態的歷程腳本：

131

- 直到（Until）
- 從未（Never）
- 總是（Always）
- 之後（After）
- 幾乎（Almost）
- 結論開放型（Open-Ended）

　　Kahler（1978: 216-7）曾經建議可以把幾乎這個歷程分為「**幾乎第一型**」與「**幾乎第二型**」兩種。我在這裡將遵循他的做法。

　　每種歷程腳本的名稱都在描繪一種模式，說明個體**如何**在一段時間內演出他的腳本。每種型態都可以用一句箴言概括地加以描述，反映個體對於自己、他人或這個世界的早期決定。表 20.1 的內容摘要這些描述不同腳本歷程類型的箴言與分類。

歷程腳本與驅力行為

　　每種類型的歷程腳本都直接與特定的驅力行為有關，我在表 20.1 中羅列了相應的驅力與歷程腳本。

　　我曾經在第 17 章描述如何偵測驅力行為，在第 19 章則說明如何運用驅力行為診斷人格調適型態。現在你也可以經由即時觀察個案的驅力行為，有效地診斷歷程腳本的型態。

　　你知道每個人都會表現所有的五種驅力，但是絕大部分只有一種主要的驅力。相對地，每個人都擁有六種歷程模型的全部特質，然而典型的狀況是，絕大部分的人只呈現一種關鍵的類型。這種歷程腳本的類型與他主要的驅力有關。

　　某些個案具有程度相當的兩種驅力，通常我們可以在他們身上觀察到三種歷程類型：**幾乎第一型**、**幾乎第二型**與**結論開放型**。我在表 20.1 中歸納整理了腳本歷程特定的驅力組合。**幾乎第二型**與**結論開放型**兩種都有相同的驅力組合：**討好你**與**要完美**。然而，相對於**幾乎第二型**，具有**結論開放型**腳本的個體則更顯著地表現出這兩種驅力。

交流分析
諮商能力發展

表 20.1　各種腳本歷程型態的特徵

名稱	座右銘	模式	驅力
直到	「直到完成所有的工作之前，我不能享樂」	阻止自己享受快樂，直到完成了一些不快樂的事情	要完美
從未	「我從未得到我最想要的東西」	不要開始任何行動，也不要到任何地方	要堅強
總是	「我已經整理好我的床舖，現在我必須躺上去」	留在原來的情境，即使情況悲觀	努力嘗試
之後	「我今天可以享樂，但是明天會為它付出代價」	獲得某些快樂，緊接著以某些不愉快的事來懲罰自己	討好別人
幾乎第一型	「我幾乎登上了山頂，但是又一次地滑落山下」	開始採取行動（計畫……等），但是不會全然地完成	討好別人＋努力嘗試
幾乎第二型	「我已經登上山頂，並立即開始著手挑戰下個高峰」	完成（計畫……等），然後沒有任何休息便繼續開始另一項工作	討好你＋要完美
結論開放型	「在某個特定的時間點之後，我就不知道該為自己做些什麼」	在生活裡（計畫中……）達成某個里程碑，然後便「一片空白」	討好你＋要完美

資料來源：作者經同意引用自 Kahler（1979b）。

歷程腳本與人格調適型態

除了直接根據驅力行為進行診斷之外，你也可以採取替代性的做法，透過評估個體主要的人格調適型態來診斷歷程腳本。表 20.2 的內容顯示其中相應的關係。一如你的期待，它們將帶給你同樣的結論，與直接根據驅力行為所做的診斷相同；這是一種「替代方案」。

表 20.2　不同人格調適的歷程腳本型態

人格調適型態	歷程腳本型態
工作狂	直到（幾乎第二型、結論封閉型）
懷疑論者	直到＋從未
白日夢者	從未（總是）
批評者	總是（從未、幾乎第一型）
過度反應者	之後（幾乎第一型、幾乎第二型）
操縱者	從未（總是、幾乎）

注意：括弧代表可能有附加的歷程腳本型態。
資料來源：作者經同意引自 Kahler（1979b）。

歷程腳本的時間表

個體一旦處於腳本，將同時在長短期間內，典型地演出歷程模式。他可能在幾秒鐘的時間內，完成整個歷程模式；他也可能需要花費幾天、幾個月或幾年的時間，演出他的腳本，而且歷程腳本也將成為整個生命腳本的一部計畫。

舉例來說，設想某人的主要歷程腳本是直到。你可能會發現他在四十歲已經在為退休做計畫。為了要建造一個夠大的居所以備他那未來的「直到」，他現在十分努力地工作，以致沒有時間

可以享受生活。他日復一日待在他的辦公桌前直到下午六點。他回到家，處理好所有的通信資料，然後在他準備好要在晚上放鬆之前去慢跑。當時他的朋友打電話找他，問他是否想要出去喝一杯。他回答：「好的，我先整理好這些文件，就跟你一起去。」

如同腳本的其他特徵，歷程腳本的模式不僅可以正向地被運用，也可能被負向地使用。舉例來說，在案例中的這位男性，他使用**直到**的模式來鼓舞自己持續執行健身計畫。只有在歷程模式導致了違背個案需求的結果時，它才會成為諮商中期待改變的目標。

面質歷程腳本

大體而言，你可以直接面質個案的歷程腳本。引導個案注意該模式，並徵詢他是否想訂定改變行為的契約。你也可以安撫每一個違反歷程腳本模式的行為。

🍁 小心

在每次面質腳本時，你都必須在個案已經一致地關閉了逃生艙之後，再面質他的歷程腳本（回顧第 7 章）。由於很顯然在反腳本這塊領域上，個案所帶來的問題不外乎自殺、殺人或發狂等問題，因此在面質反腳本時，謹慎地採取行動顯得特別重要。然而，果真要面質這些反腳本的議題，個案很可能得面對潛藏在腳本當中的主題，而這些主題的確可能涉及個案某個悲慘的腳本結局。

🍁 由諮商師進行示範的重要性

你得以身作則並盡可能在會談中遠離自己的腳本歷程，才能有效地引導個案改變歷程腳本。請你回想所謂**驅力引發驅力**的

概念（第18章）。因此，每當你顯現出驅力行為時，個案很可能會誤以為那是一項回應某種驅力的邀請。個案如果真的如此做回應，則會強化他的歷程腳本。如果個案進入一種驅力，而你則回應表現自己的驅力行為，那麼相同的情況便很可能再度發生。**兒童自我**在兩種情況下的理解都是：「在這裡使用驅力**確實**可以滿足需求，所以我更要準備妥當，下次繼續這麼做。」

針對歷程腳本的每種型態進行面質

　　Stan Woollams 與 Michael Brown（1979: 213）已經列出各種方法，用來面質不同型態的歷程腳本。感謝他們對我的幫助，以下絕大部分的建議都是引自他們的概念。

135

　　我也會把他們所提供的諮詢內涵傳達給你們：「有效的治療源自於有效與恰當的策略，而且需要**結合遠離腳本的歷程**」（Woollams & Brown, 1979: 213；楷體處為原作者強調）。

🍇 直到腳本

- 引導個案**當下**就開始行動，而不是等到「以後」。
- 尤其要傳達的是，即使在個案還沒弄清楚腳本、扭曲與遊戲的所有細節**之前**，改變對他來說也是 OK 的。
- 保持工作的精簡，並在任何重要進展已經達成時，盡快脫離這項工作。避免受到誘惑，「把事情懸置到另一項改變發生的時候」。
- 個案**兒童**自我的策略是「在家中閒晃」，避免直接說出他想要的東西；在形成一份合約時，你得準備好面對個案的**兒童自我**。準備提供一份特殊的契約，而不要等候個案自己來提出。

從未腳本

- 即刻並且大方地安撫個案進入自主狀態所採取的任何積極步驟,不論他的行動是否小到微不足道。

- 如果個案退縮,則準備好自己採取行動:聯繫個案,而不是等他來找你。

- 不要採取「任選一項」的契約。相反地,與個案一起思索他想**做**些什麼,好讓他做出尚未做成的決定。

- 引導個案開放地說出自己的渴望,想要採取什麼行動達成目標,還有在採取行動時有什麼感覺與想法。

總是腳本

- 安撫個案的自發性,並(輕鬆有趣地)引導個案運用它作為一種方法,達到所期待的變化。

136
- 注意個案是否重複之前負向行為的模式(關係……等)。要求個案運用**成人**自我。你有沒有什麼證據顯示這一次會有不同的發展?而你可以做些什麼使它產生不同的發展?

之後腳本

- 讓每項工作畫下光明的句點,預期稍後可能會有負面反應的擴大,採取步驟保護個案免於受到傷害。

- 關於這方面的確有種變異的情況,也就是邀請個案在諮商時間內,先轉移到擴大的負面反應,然後緊接再回到正面的事物上。

- 在正向的陳述後立即安撫個案(在緊接的**可是**與負面陳述發生前)。

幾乎腳本

- 面質「幾乎完成」、「幾乎了解」等等的模式。要求個案完成他所宣示要執行的契約。在一項工作或契約已經完整地達成之後,給予個案安撫。

- 在諮商當中,在轉換到任何新的主題前,先行完成原來的工作。如果有一部分的工作無法完成(因為時間或個案不願意執行),那麼就要求個案對他已經完成的部分做個摘要。

- (對於**幾乎第二型**的模式:)面質個案希望趕緊進行下一件工作的企圖(在諮商中或諮商外的情境),忽略要完成之前的工作。就個案已經完成的工作給予安撫,並引導個案盡快在完成工作之後慶祝自己的成就。

結論開放型腳本

- 邀請個案使用目標導向的技巧,面質個案**開放結論**的模式,並同時以長期與短期的角度,經常性地回顧自己的目標。

- 藉由指出個案這些「空白的頁面」是腳本中一種偽裝的天賦,重新建構個案的腳本型態:不論想要採用什麼方法,就是得由他自己來填滿這些空白。

關鍵要點

- 不僅面質腳本的內容,同樣也要面質個案腳本的歷程。不只是透過你的介入,也要藉由你的示範來面質腳本歷程。

- 除了直接進行診斷之外,你也可以透過觀察驅力行為,或者對個案人格調適型態的認識診斷腳本歷程。

137

CHAPTER 21 建立並維持接觸：威爾氏序列

Paul Ware（1983）在諮商師與個案之間區分了三種可能的接觸領域，這些**接觸領域**包括思考、情感與行為。

他建議如果要與任何個案進行有效的接觸，必須採取特定的序列來處理這些領域。不同的人格調適型態，會有不同的**威爾氏序列**。我在本章將解釋如何運用威爾氏系統與個案建立並維持良好的關係。

三種「接觸通道」

Ware 表示，每個人都有三種接觸「通道」，包括：開放通道（open door）、目標通道（target door），與陷阱通道（trap door）。

每個人的各種接觸通道都有相應的思考、情感與行為三種接觸領域。然而，接觸通道與接觸領域間，相應關係的**順序**則因個別的人格調適型態而有所差異。

舉例來說，某人主要的人格調適型態為**懷疑論者**，他的**威爾氏序列**便如下所示：

- 開放通道：思考；
- 目標通道：情感；
- 陷阱通道：行為。

反之，**白日夢者**的開放通道是行為，目標通道則是思考，而陷阱通道是感覺。

138

Paul Ware 表示，在與某人初步進行接觸時，你需要與他們對應於**開放通道**的領域對話。一旦你已經與個案在開放通道上形成了溝通，你就可以順利移動到他們的**目標通道**。在諮商過程中，這經常屬於大部分外顯「工作」所成就的領域。

陷阱通道則最常為人們嚴密地防衛，因此是最可能被卡住的一塊領域。然而，Vann Joines（1986）指出，這也是個案相當可能做出最深度改變的一塊領域。

如果你並未依序處理各個通道，個案很可能會阻礙你。如果你企圖在他們的陷阱通道上進行第一次的接觸，這種阻礙的現象特別可能發生。你要如何知道他們正在阻礙你呢？答案就在你所尋找的驅力行為。當時如果你選擇了錯誤的接觸領域，個案就可能表現出某種驅力行為。緊接著他可能經歷一種扭曲情感，並且（或者）涉入某種形式的腳本行為或思考。

威爾氏序列與人格調適型態

表 21.1 的內容顯示六種人格調適型態在威爾氏序列中接觸領域不同的順序。

表 21.1　不同人格調適型態的威爾氏序列　139

調適型態	開放通道	目標通道	陷阱通道
工作狂	思考	情感	行為
懷疑論者	思考	情感	行為
白日夢者	行為	思考	情感
批評者	行為	情感	思考
過度反應者	情感	思考	行為
操縱者	行為	情感	思考

資料來源：Ware（1983）。

138 **✿ 例如：在過度反應者的調適型態上運用威爾氏序列**

　　舉例來說，與主要人格調適為**過度反應者**的某人進行接觸，藉由起初與她情感這門開放通道的對話，你將可與她進行最有效的接觸。當她進入會談時，你可以開啟一段親切的對話：「你好，你今天心情如何？」你不會一開始就問她：「針對上次會談我們所進行的工作，你有思考過嗎？」如果你想要知道她的想法，你會等到她有機會展現了自己的情感之後，再進一步提出你的問題。

　　較不具效果的開場白可能會是如此：「你想在今天的談話時間裡做些什麼呢？」**過度反應者**的個案很可能會以不舒服的感覺開始做回應。具有這種人格調適型態的人，在兒童時期便決定了自

139 己生命的角色，就是要透過實踐別人的期待來討好他們。她也認定自己必須讀懂別人的心思，好發現得做些什麼來討好他們。

　　因此，當你問**她**想要做什麼的時候，她可能會重演這種兒童的模式。果真如此，她將開始猜想你要她做些什麼。於是，她可能感到不安或者困惑，因為她害怕自己可能做錯事而無法討你歡心。如果你持續在陷阱通道的行為上進行對話，她反而最可能放大了他的扭曲感覺。

　　就這位個案來說，你唯有在開始的時候，已經接觸了開放與目標通道裡的感覺與思考，才有可能與行為這個領域進行良好的接觸。你需要配合個案的步調進行，注意個案是否與你同步前進。你總是可以藉由觀察驅力行為對這點進行檢驗。如果個案進入了驅力，或者顯示出其他腳本的訊息，你最好的選擇就是退一步，並且再度透過稍早接觸的通道，進行良好的接觸。

　　事實上，Vann Joines（1986）指出，針對許多個案，你**根本不可能**直接在陷阱通道上進行對話。他表示，所有外顯的諮商工作都是在目標通道上完成的。 不論如何，個案仍很可能在他陷阱通道的領域做出最顯著的腳本改變。

測試接觸領域

　　如果你對人格調適型態的診斷有疑義，可以透過試驗性的介入，採用嘗試錯誤的方式應用威爾氏序列。如果個案回應你的方式中並未附帶驅力行為或扭曲情感，你就很可能選對了與個案進行對話的接觸領域。相反地，如果個案進入一種驅力或顯示某種扭曲情感，那麼你很可能選錯了接觸的領域。

　　例如，假設你在會談開始進行時，決定測試個案的開放通道是否為行為。你的開場白可能是：「如果你想做任何事情讓自己感到舒適，那就請便，不用客氣。」如果個案輕鬆地採取行動讓自己感到舒適——脫掉鞋子、調整座墊或其他種種行動——你可能確實做了正確的判斷。

　　然而，假設並非如此，他小心翼翼地安頓自己，身體直挺地對準中線坐在椅子上。他暫時停下來，並往上看著右手邊天花板的角落，同時壓緊著面前的雙手手指。他回答：「嗯！我想，實際上，我已經夠舒服了，非常感謝你。」

　　注意這些**要完美**的驅力訊息，你或許可以推斷他主要的人格調適型態應該是**工作狂**或**懷疑論者**，而不是**白日夢者**。這意味他的開放通道是思考，而非行為。因此你可以轉換方式再做測試：「OK，好的。所以，你要告訴我，你對前來接受諮商有什麼想法嗎？」

分別以長期與短期的角度運用威爾氏序列

　　威爾氏序列同時針對治療的長短期策略提供指引。就治療計畫上較長期的角度來看，個案主要的人格調適型態會指出早、中與晚期階段，比較可能與個案最為有效合作的接觸領域。

例如，對於主要調適型態屬於白日夢者一類的人，你可以將初期的會談專注於行為契約的完成。一旦諮商關係充分建立，你可以與個案共同轉向探索與澄清其思考。然後，個案仍然很可能在經驗與表達情感的領域進行最關鍵的改變工作。即使你與個案都不曾在情感的領域直接進行對話，這樣的改變也可能會發生。

在每次諮商會談的片刻中，你可以藉由持續察覺個案的開放、目標與陷阱通道，並妥善地做好序列的安排，與個案保持接觸。透過持續發覺驅力行為，你可以追蹤個案是否已經與你同步前進。

141
運用威爾氏序列：七點摘要

以下是運用威爾氏序列的一份備忘錄：

1. 首先評估個案的主要**人格調適型態**。你可以藉由明列人格特徵（表 19.1）、根據關鍵驅力的事證（表 19.2），或同時運用兩種方法，完成此項工作。

2. 根據你對個案人格調適型態所做的判斷，仔細留意接觸通道的順序，其中就是你需要與他進行對話的三個**接觸領域**，包括情感、思考與行為（表 21.1）。你可以透過測試不同的接觸領域來觀察他的反應（本章前述的部分），藉此加以檢驗。

3. 與個案在**開放通道**上進行初步的接觸。

4. 在已經建立接觸之後，與個案共同轉向**目標通道**。

5. **陷阱通道**就是個案很可能做出最為關鍵改變的地方，這項改變可能會在你與個案於目標通道進行合作時發生。

6. 不要錯置接觸領域的順序。當你依序做好妥善的安排時，要持續地檢查個案是否已經隨著你轉換領域。透過發覺驅力行為進行這項檢驗，如果個案並未和你一起移動，請回到序列中前項的領域。

7. 這項建議不僅可以運用在較為長期的計畫序列（戰略），也可以應用在每個時間點上介入方法的選擇上（戰術）。

自我督導 　**接觸領域及威爾氏序列**

　　從最近的諮商會談中，選擇一段大約五到十分鐘的錄音摘要。選擇某位已經完成人格調適型態評估的個案，運用他的錄音內容（第 19 章）。完整地聽完錄音帶內容並重聽幾次，檢討你與個案的每次互動。注意以下各項要點：

- ■ 每次你們都在哪個接觸領域對話呢？個案如何回應？在這個基礎上，評估對應於個案開放、目標與陷阱通道的接觸領域。

- ■ 根據個案的特質與其驅力行為的事證，檢討你對個案主要人格調適型態的評估（表 19.1 與表 19.2）。

- ■ 檢討由 Ware 為人格調適型態所提示之接觸領域的序列。這項序列是否符合你自己對個案開放、目標與陷阱通道的判斷呢？

142

關鍵
要點

● 運用有關接觸領域的威爾氏序列，與每位個案建立並維持更有效益的關係。

搭上個案的波長：
溝通的五個「頻道」

　　在這一章中，我要描述怎樣藉由明智地選擇**如何**表達的方法，持續並進一步地提升自己與個案的溝通品質。

　　Taibi Kahler（1979a, 1979b）斷言要達到清楚的溝通，不僅要**避免驅力行為**，甚至還可以做得更多。Kahler 表示，撇開驅力，你可以積極地在五個**溝通頻道**中選擇其中一個。

　　Kahler 有趣地借用了無線電通訊的名詞「**頻道**」（Channel）。Kahler 表示，你和我可能要透過無線電波彼此溝通。但是如果你處在某個波長，而我卻在另一個波長上 —— 如果我們分別處於不同的**頻道**上 —— 我們就沒辦法溝通。要調整到與你相同的波長，我需要選擇跟你搭配的**頻道**。

　　就字面意義上來說，Kahler 的五個頻道指的是溝通的**歷程**。也就是與如何表達你想說的話有關。

　　我將於本章稍後的部分做解釋，說明你要如何根據他人的人格調適型態與關鍵驅力，選擇自己的**頻道**。

溝通的五個「頻道」

　　Kahler（1979b: 6-12）同時運用數字（**頻道** 1 到 5）以及描述性的名詞標明各個**頻道**。表 22.1 的內容則呈現五個溝通**頻道**的各項特徵。各個**頻道**依序排列在表中，並將**頻道** 5 放在最上面。這是要傳達一種看法，說明在一般情況下，隨著運用較小數字的**頻道**以

至較大數字的**頻道**所進行的溝通，安撫的強度也逐漸隨之增強。

「自我狀態行為」與頻道

你可以在表 22.1 中看到，Taibi Kahler 運用交流分析傳統的「功能性自我狀態」的名稱，標示每一個**頻道**中的溝通──**適應型兒童、撫育型父母**……等等。然而事實上，這只是對事務的複雜狀態所做的簡單描述罷了。

運用**頻道**的重點是要讓你可以**選擇**如何表達自己想要說的話。因為你正在做當下的抉擇，事實上，根據定義來說，不論你選擇的是哪個**頻道**，緊接著你都必須處於**成人**自我狀態。然而，你做了一個深思熟慮的選擇，採用了某種源自於「功能性自我狀態」典型的**行為訊號**，而它（除了**頻道 3** 之外）卻有別於成人自我。

舉例來說，要開啟「**撫育性**」頻道 4 的溝通，你會採取一種平靜、溫和的語調，微笑地面對個案，並在說話時把身體靠近個案。所有這些都是某人處於傳統的**撫育型父母**自我狀態下會表現的典型行為。然而，事實上，你將會完全由**成人**自我狀態選擇你的行動。

當然，個案很可能透過實質上轉向表列中的自我狀態，回應你的行動。的確，這正是溝通的目的。在這個案例當中，如果你採用**頻道** 4 是正確的選擇，個案將轉往**兒童**自我狀態。再度像個兒童般地體驗，他會把你刻意選擇的行為這部分經驗為「正向**撫育型父母**」。

對於**頻道**的描述，以及我所列舉的案例，都基於沒有漠視的假設。特別是假設兩方都與**驅力行為**保持距離。因此，在上述的案例當中，諮商師需要真實地微笑，而不是露出牙齒，表現出討好你**驅力**的怪模怪樣。

表 22.1　溝通的五個頻道

數字	名稱	自我狀態行為	溝通風格	案例
頻道 5	情緒性（Emotive）	+FC－+FC	開放的情緒交流	「我氣你！」——「沒錯，我也氣你！」
頻道 4	撫育性（Nurturative）	+NP－+FC	撫育	「你想要一個擁抱嗎？」——「喔，是的！」
頻道 3	請求性（Requestive）	A－A	詢問與請求	「請你告訴我，你想要什麼？」——「好的」。
頻道 2	指導性（Directive）	+CP－A	指示與報告	「請你做五個備份」。
頻道 1	干預性（Interruptive）	+CP－AC	命令（目標在行動或感官）	「立正！」——「好」（聽命照做）

譯註：FC（Free Child）：自由型兒童；AC（Adaptive Child）：適應型兒童；A（Adult）：成人；NP（Nuturing Parent）：養育型父母；CP（Controlling Parent）：控制型父母。

資料來源：作者經同意引用自 Kahler（1979b）。

各個頻道中額外的行為細節

頻道 5

　　在「情緒性」頻道進行溝通，意味選擇誠懇地表達你的感覺 —— 在交流分析中，這種行為傳統上是與功能性自我狀態中的「自由型兒童」有關。實際上，有效進入**頻道 5**的方法很簡單，就只是需要對個案表達你自己的感覺。如果你對她感到生氣，或者對她說的話感到難過，在**頻道 5**的溝通將讓你開放地表達這些感覺。注意，**頻道 5**指的是**表達感覺**，而不僅僅是**說出來**而已。

　　你的感受很可能是自己部分的**兒童**經驗。然而，為了要保持在**頻道 5**當中，你即選擇了**兒童**自我狀態的行為，仍需要以**成人**自我狀態監督自己的表達。

　　當**成人**這部分在進行監督時，你需要檢驗自己的感覺並非扭曲感覺。如果你感到尷尬、罪惡、被指責或任何其他千百種扭曲的感覺，**不要**把它們當作進入**頻道 5**的途徑。如果你這麼做，將會引導個案進入扭曲感覺，而不是在運用頻道。接著，檢驗自己將要表達的感覺是否屬於以下四種真實感覺（authentic feelings）—— 交流分析傳統的說法，認為有四種真實感覺：生氣、悲傷、恐懼或高興。

　　另一種特別屬於**頻道 5**的活動就是**遊戲**（playing）。你可以運用你的**小教授**（Little Professor）創造一些方法，稍微戲弄或者開個案玩笑 —— 且是不帶漠視的。這在與其主要人格調適型態為**批評者**的人進行溝通時，格外顯得有效（參考表 22.2）。

表 22.2　不同人格調適型態的溝通頻道

調適	頻道
負責的工作狂	3（或2）
聰明的懷疑論者	3（或2）
創意的白日夢者	2
手法高明的批評者	5
熱情的過度反應者	4（或5）
獨具魅力的操縱者	2（或4）
（頻道 1 並不屬專屬於某種調適型態）	

資料來源：作者經同意引用自 Kahler(1979b)；調適的名稱採用 Joines(1986)的命名。

頻道 4

　　稍早我曾經提過一個案例，描述一組**頻道 4** 的「撫育性」行為。關於**頻道 4**，你可以找到具備良好撫育能力的父母或父母形象者，作為典範並加以模仿。而且總還要透過成人自我進行監督，以確保自己可以與驅力保持距離。**頻道 4** 的主要風險在於可能脫離了撫育，而採取討好你驅力當中的拯救行為。

頻道 3

　　這個「請求性」的頻道意味請求別人某些事情，或者以某種方式採用某種行動、思維或感覺。你可以運用成人自我的行為訊息──特別是平穩的聲調、堅定的眼光接觸，以及平衡維持在垂直中線與直立的身體姿勢。提高警覺確保自己不會涉入**要完美**或**要堅強**的驅力。

　　以問號作為語句結尾的方式，可以有效思考**頻道 3** 當中任何一段陳述。以一種質疑的態度，藉著在句子結尾時提高聲調，運用你的聲音來傳達訊息。

🍂 頻道 2

在這個「指導性」的頻道中,你會發出命令或指示。換句話說,你**吩咐**別人以某種特定的方式採取行動、進行思考或感覺。你透過傳統功能性自我狀態中「正向**控制型父母**」的行為傳遞訊息。在**頻道 2** 當中,你需要從頭到尾使用堅定的語調說完整句話。你在這個頻道中是在要求,而不是請求。

如果你希望軟化社會層面的衝擊,你可以使用「請」字作為**頻道 2** 裡命令的修詞。然而是你語調的抑揚頓挫與其他的行為訊息(而非像「請」這種字眼),使**頻道 2** 與**頻道 3** 有所區別。為了要做這方面的試驗,你可以運用兩種不同的方式留意「請坐下」這句話:一旦提高聲調說出問題,就進入**頻道 3**;如果採取過度低沉的聲調表達一種(有禮的)命令,也就是在**頻道 2**。

🍂 頻道 1

「干預性」的**頻道 1**,一如**頻道 2** 也是用來傳遞命令。然而,**頻道 1** 則是傳遞有目的的粗暴命令,目標只在於接收命令者的行動與感官。你的意圖是要他以「**適應型兒童**」的風格遵從你的命令,不允許有意識的思考或遲疑。在每一個命令的最後,聲音的語調與頻率應該傳遞驚呼的特徵。例如:

- ■ 「坐下!」
- ■ 「看著我!」
- ■ 「深呼吸!」
- ■ 「停下來!」

只會在少數的情況下利用**頻道 1**:用來干預情緒或行為上潛在具有危險的變化。例如,如果你的個案開始「過度換氣」

147

（hyperventilating），或者她口出暴力威脅並且快衝出諮商室時，你就可以善加利用。在使用**頻道 1** 溝通時，**不要**使用「請」這個字：你的目標在於造成衝擊，而非客氣有禮。

搭配溝通頻道與人格調適型態

當你了解某人主要的人格調適**型態**之後，你便對個案偏好的溝通頻道擁有極佳的指引。這些對應關係列舉在表 22.2 當中（Kahler, 1979b: 33）。

例如：使用溝通頻道因應懷疑論者的調適

假設你判斷個案主要的人格調適為**懷疑論者**的型態，這指引你可以透過**頻道 3** 與他做最好的初步接觸，也就是透過**詢問**他某些事情。例如：「你可以告訴我你在想什麼嗎？」他通常也會透過**頻道 2** 正面地回應你簡單的**方向**，例如：「告訴我，你在想什麼。」

相反地，如果你嘗試要透過**頻道 5** 與他進行接觸，則會發生什麼事呢？假設你打趣地露齒笑說：「嗨！我打賭今天你的小教授有很多話要說！」有可能這個人內心將會瑟縮了起來，並且以他**要完美**與**要堅強**的驅力來做回應。

測試溝通頻道

如果你無法確定個案主要的人格調適型態，你可以直接檢查他究竟偏好哪個溝通**頻道**。你只需透過不同的頻道與他進行溝通並注意其反應，便可以達到這項目標。如果你選擇的頻道正中下懷，他很可能也會在這個**頻道**上（通常與你使用相同的頻道）回應你。另一方面，假設你對他用了錯誤的**頻道**，那麼他很可能會以驅力行為回應你。

　　你將會了解，「測試**頻道**」這個過程也是另一種用來對個案主要人格調適型態進行雙重確認的方法 —— 另一種了解**歷程模型**的方法。

關鍵要點

● 選擇你的溝通頻道，確保自己停留在每位個案正確的波長上。

CHAPTER
23 整合：完整的歷程模型

　　我將在本章一次完整地呈現歷程模型的全部特徵，並單獨以一張圖表加以說明。我運用一位案例來說明如何使用完整的歷程模型，作為治療計畫既快速又可靠的指南。

149 ### 完整的歷程模型圖譜

　　圖 23.1 是一份歷程模型的完整圖表（Kahler, 1979a, 1979b）。乍看之下好像十分複雜，然而，一旦你了解它如何呈現時，問題就會變得相當簡單。它只是包括先前幾章已經就歷程模型所說明的各項特徵，而以階層的方式在兩度空間的矩陣中展開。舉例來說，五種驅力在圖表中分別擁有屬於它自己的位置。各種歷程腳本型態、溝通頻道……等，也都是如此。

　　因此，你可以把這幅圖表當作是「地圖」，讓你可以串連歷程模型當中彼此不同的特徵。舉例來說，假設你定位出工作狂的調適型態（圖中右上角），你可以立即留意到該種適應型態在歷程模型中的四種特徵：

- 關鍵驅力：要完美；
- 主要的歷程腳本型態：直到；
- 偏好的頻道：3；
- 初始的接觸領域：思考。

　　你不需要透過發覺表中的人格調適型態來作為開端，而可以根據任一項歷程模型的特徵來開始進行。例如，如果你找出努力

150

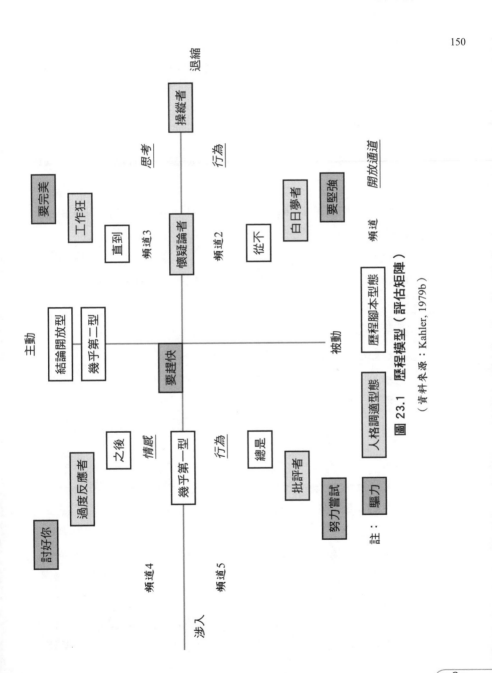

圖 23.1　歷程模型（評估矩陣）

（資料來源：Kahler, 1979b）

註：▢　驅力
　　▢　人格調適型態
　　▢　歷程腳本型態

149 嘗試的驅力，便可以確定它會伴隨總是的歷程腳本，以及行為作為初步的接觸領域。如果你剛開始是找到頻道 4，那麼你會發現它將適合於關鍵驅力為討好你的人，諸如此類。

評估矩陣

這份二對二的矩陣，形成**歷程模型圖譜**的基礎，稱為**評估矩陣**（Assessing Matrix）（Kahler, 1979b: 18-31）。它的兩條軸線也與人格的另一個層面有關，先前的章節並未做過這方面的討論。它們描繪個體偏好以哪種風格在社會情境中與人做接觸。

垂直軸線顯示「主動與被動」的向度，而水平軸線則顯示「涉入與退縮」的向度。在**歷程模型**當中，這些標示的文字都代表某種特定的概念，如下所示：

- **主動的**（Active）：喜歡開啟社交接觸。
- **被動的**（Passive）：不喜歡開啟社交接觸。
- **涉入**（Involving）：喜歡成為大團體的一份子。
151 - **退縮**（Withdrawing）：喜歡獨處或與少數幾個人相處。

因此，**評估矩陣**具有四個**象限**，由右上角開始依照順時針方向的順序，分別有以下的意義：

- **主動地退縮**（Active-withdrawing）：積極地採取行動開啟社交接觸。偏好在同一時間裡與一個或少數幾個人相處。獨處時感到快樂。
- **被動地退縮**（Passive-withdrawing）：不想採取行動開啟社交接觸。如果由別人開啟行動，將會回應該社交接觸，但對於獨處也感到舒適。
- **被動地涉入**（Passive-involving）：喜歡成為團體的一員，但是不想主動開啟接觸。很典型地，將會走向現有團體的邊陲，

然後做些挑撥或意料之外的事情，插入別人的溝通過程。心理層面的目標在於維持被動的姿態，反向地被拉進團體之中。

- **主動地涉入**（Active-involving）：積極地參與大型團體，或者聚集在身邊的某個大型團體周圍，是典型的「宴會上的靈魂人物」。獨處時會感覺不舒服。

根據我的經驗，這些人格特質並不像歷程模型的其他特徵，可以廣泛地應用在診斷上。我相信這兩條軸線最重要的功能，在於提供歷程模型圖譜一種「地理學」的基礎。然而，這四個象限確實提供你另類的方法，橫向地檢驗根據歷程模型對特定個案所進行的解讀。你需要機會觀察個案在社會情境中如何接近他人，你可以由他自己對關係的說明獲得某些線索。同樣地，你也可以觀察他在諮商室與你互動時，如何開啟你們之間的接觸。

運用歷程模型作為治療計畫的指引

由圖 23.1，你將會看到完整的歷程模型如何協助你擬定治療計畫。有以下兩種方法：

1. 藉由觀察個案的關鍵驅力，提供你快速診斷的方法。
2. 提供你立即與視覺檢驗的方法，檢查契約與治療方向是否符合你的診斷。

回顧第 2 篇第 10 節有關「治療三角」的內容，其中示範了如何在契約、診斷與治療方向上維持三方互動。在第 8 章，我曾強調在治療計畫主要的三條道路上，保持精準搭配的重要性。完整的歷程模型讓你快速並可靠地達成如此的搭配。它有助於在治療計畫進行的過程中，持續地檢驗這種搭配的精確程度。

152

「抬頭顯示器」

在某些具備高科技的飛機上，飛行員可以運用所謂的「抬頭顯示器」閱讀相關數據。這些飛機的速度相當快，飛行員無暇低頭檢視儀表板。他需要全神貫注於飛機的飛行，於是便將儀器的數據投影在頭盔的面罩上。只要一抬頭就可以讀到飛行數據，同時也可以注視前方的空域。

每當我在執行諮商或心理治療時，我便想像前方的視野有個歷程模型的「抬頭顯示器」。因此，在我得分秒地注意個案時，仍可以透過「抬頭顯示器」來注視他。我根據歷程模型追蹤個案與我自己每一次的交流。

我建議你也可以用這種方法為自己製作一個「抬頭顯示器」。當你還在適應歷程模型時，實際製作一份如圖 23.1 的海報，並把它掛在諮商室的牆壁上，你會發現這麼做將對自己有很大的幫助。

進行初步的歷程模型診斷

在你第一次與個案見面最初的幾分鐘內，你可以對個案的人格調適型態進行初步的診斷，藉由觀察驅力行為進行初步診斷。此時與個案談話的內容總是不太切題。在他談論自己的個人史及目前的問題之前，你可以對他的驅力進行解讀。

案例說明

羅伯特打電話請我提供心理諮商。一如往常，我請他來拜訪我，接受最初半個小時彼此不具任何義務的談話。這段談話一開始，羅伯特便概略地說明他希望在諮商中處理的問題。

153

當我在聆聽他說話內容的同時，我也以每半秒鐘為單位記錄他溝通的歷程。在談話中斷時，他會往右上方看，並用他的指頭搭起「尖塔狀」的手勢。當他對我說話時，經常使用插入語：「如同我剛才所說」、「可以說」、「根據某種說法」。在他說這些片語時，語調已經過修飾而顯得平穩。觀察羅伯特所展示的這些線索，我注意到它們顯示的是**要完美**的驅力（表 17.1）。

羅伯特並不常表現出**討好你**驅力的行為徵兆，大部分是發生在整句話結尾的時候。然後，就在半秒鐘內，他會緊緊地蹙眉並齜露上排牙齒，表現出討好你的「非微笑」。他的肩膀會隆起接近耳朵的高度，臉則往下拉，並且睜大雙眼，好讓他仍然可以盯著我看。就在他說話的最後幾個音節，語調幾乎會往上揚起而發出尖銳的聲音。

羅伯特很少表現出其他的驅力訊息。某些時候，他的確會有一兩秒鐘的時間轉移到面無表情的靜止狀態，呈現**要堅強**的驅力。他幾乎不曾顯現**努力嘗試**的驅力。在他抖腳或敲手指傳遞出**要趕快**的訊息時，這總是出現在正要顯示出另一種驅力的時候。

根據這些反覆出現在兩分鐘談話樣本中的線索，我相當有信心地判斷羅伯特的關鍵驅力為**要完美**。透過我用來檢驗歷程模型所想像的「抬頭顯示器」，我留意到他的主要人格調適型態屬於工作狂類型。

根據羅伯特討好你的驅力訊息，我也注意到他下一個最重要的調適型態為**過度反應者**一類。不過在接下來的案例說明中，我要讓問題保持單純，因此只會討論他工作狂這個主要的調適型態。在第 24 章，我將做更多的說明，解釋如何掌握更多**歷程模型**的重點。

符合診斷的契約

在你規劃如何訂定契約時，你將會同時考慮**歷程**（如何）與**內容**（什麼）。

契約內容的基礎固然是根據個案所呈現的問題，以及他所傳達出對諮商的期待。不過你也可以同時參酌**歷程模型**中，與不同人格調適型態有關、典型的腳本內容特徵這方面的證據（表 19.1 至 19.4）。這有助於你進一步注意到隱藏在個案問題與渴望下的一般性議題；因此在治療進行時，可以成為契約訂定的焦點。

規劃契約訂定的歷程

在規劃「如何」訂定契約的問題上，你可以藉由了解個案的**威爾氏序列**，獲得有效的指引。在宏觀的角度上看待治療歷程，你可以規劃經由個案的**開放通道**開始訂定契約。當你與個案均判斷在初步接觸的領域已經獲得有效的改變時，你便可以期待轉移契約的目標，專注於下一個接觸的領域，也就是個案的**目標通道**。當個案持續在該領域下工夫並完成契約時，他可能已經在**陷阱通道**上對腳本做了最深刻的改變。你的契約可能從未直接針對陷阱領域做處理。如果有的話，也只是在目標領域已經有相當的改變時才會發生。

案例說明

在我們的介紹性談話結束時，羅伯特和我已經擬妥合作的契約。我開始針對初步的治療計畫進行檢討。

羅伯特主要具有**工作狂**的人格調適型態。藉由**歷程模型**的「抬頭顯示器」，我解讀出他最偏好的**威爾氏序列**。他的開放通道是思考，目標通道是情感，陷阱通道則是行為（表 21.1）。

154

　　於是，我開啟與羅伯特訂定契約的歷程，藉由進入開放通道以及透過思考之接觸領域，安排初始契約工作的角度進行思考。有關他的某些早期契約可能是：

- 「在我們下次會談之前，花時間思考該如何讓自己確實地體察遭受性騷擾的熟悉感覺。記錄自己的發現並把它們帶回來跟你討論。」
- 「在本次會談完成**扭曲系統**的分析，並選擇一種方法在接下來的一個星期當中走出**扭曲系統**。」

　　我期待稍後在治療當中，在羅伯特已經準備好的時候，邀請他進入契約的工作，由他的開放通道（思考）轉移到目標通道（情感）。例如，他可以採取如下的單次會談契約：

- 「在本次的會談中，不論我是否認為關係重大，至少要適度把我的感覺告訴你（諮商師）。」
- 「想像自己的母親坐在椅子上，針對她要求我不要成為真正的自己這件事，把我的感覺告訴她。」

作為思考與情感指標的行為

　　回顧前面的章節，關於有效契約需要以感官為基礎的內容（第 11 章）。當契約是建立在行為的接觸領域時，這會很容易做安排。然而，該如何在**威爾氏序列**的另外兩個契約領域，訂定以感官為基礎的改變契約呢？

　　答案就在於運用行為作為思考或情感的契約指標（第 13 章）。我在上述的案例中便運用這種方法，其中羅伯特的「開放通道」就是思考。有些契約是以思考或情感為核心，但是也會運用特定的行為來**標示**契約的完成。

　　每當契約是以情感與思考為核心時，關鍵的重點便在於運用這種方法指定一個行為指標。唯有透過涵蓋行為的指標，你才可能確保契約是以感官為基礎。

符合診斷的治療方向

　　你對人格調適型態的診斷，直接引導你產生一組關於治療方向的**初步**構想。你直接透過**歷程**模型的「抬頭顯示器」解讀出這些選擇。在規劃你介入的各種選擇時，你將再度同時考慮**歷程**（「如何」）與**內容**（「什麼」）。**歷程**模型提供你做這兩方面選擇的指引。

案例說明：歷程層面

　　我由判斷羅伯特的主要人格調適型態為**工作狂**開始。緊接著我便在**歷程**這個「如何」的層面，針對他初步治療方向規劃某些類似的要點。這些要點包括：

　　首先，我準備好將要面質羅伯特主要的**歷程腳本型態**，也就是所謂的**直到**腳本（表 20.1 與 20.2）。我要藉由在所有層面與他進行溝通來達成目標：你可以做改變並滿足自己的期望，**不必**先對自己有「鉅細靡遺」的認識。

　　其次，我也會準備好在機會來臨時，直接面質羅伯特**要完美**的**反腳本信念**內容（表 17.2）。在我所做的行為示範及言詞內容當中，我將對他傳遞訊息，表示：即使有些時候會犯錯，做你自己仍然是件好事。

　　第三，我將牢記羅伯特在思考、情感與行為上所偏好的**威爾氏序列**（表 21.1）。不論內容是什麼，我都會在每一瞬間與他的溝通中，及時地運用這個順序。

156

同時，我也計畫要在我們較為長期的工作中，運用**威爾氏序列**。我已在之前「訂定契約」的篇章中，概略地描述這種較為長期的序列。我打算開啟這項包括思考與分析的工作。當羅伯特跟我在開放的通道上達成安全的接觸時，我期待邀請他轉移到他的目標通道，進行某些關於情感的工作。輪到這項工作進行時，我將期待看到他在行為這個陷阱通道上做出最為深刻的改變。雖然他和我可能曾經抑或未曾在這第三塊領域上直接進行對話。

第四，在我們稍早的合作階段中，我絕大部分經常透過羅伯特偏好的**頻道：請求的頻道 3**（表 22.1 與 22.2）與他進行溝通。換句話說，通過羅伯特個人專屬的波長與方式和他進行接觸，我將要求他與我一同思考。稍後，如果他轉往情感層面下工夫，我可能也會試驗性地調整**頻道**。屆時我可能會在他的情感層面給予撫育。也就是說，我會運用在情感這個接觸領域上的**頻道 4**。

案例說明：內容層面

我設想羅伯特所呈現的問題是來自於他的**反腳本**內容。而且事實上，他陷於過度工作的型態無法自拔，情況已經演變到讓他感覺不舒服而來找我幫忙。除此之外，他也合併有了慢性疲勞症候、肌肉緊繃，以及胃酸與消化不良等身體症狀。羅伯特的醫師已經為他做過身體檢查，並且排除了任何身體疾病的可能。

羅伯特可能是要來徵詢我的意見，提示他「如何變成一隻比較舒服的青蛙」。他可能要我協助他變得可以在一天當中做更多的事情，或者都不要出任何的差錯。果真如此，我對**歷程模型**的知識將有助於避免與其同流合污，脫軌走進這種反治療的旁門左道當中。然而，羅伯特在前來找我之前就已經超越這點，他要我幫他「停止這樣的賣力工作」。

157

在這個反腳本的模式底下，我預期在腳本分析中還會浮現更為早期與根本的主題。一想到羅伯特工作狂的調適型態，我在腦海中浮現出他最可能具有的禁令（表 19.3）。他很可能在童年時期聽過某些禁令，要求他不得孩子氣或享受生活，與他人親近或感覺情緒，尤其是喜悅或性的樂趣。我計畫在羅伯特與我持續合作的同時，幫助他探討在後來的生活中嚴重局限他的這些禁令。

起初他最可能對這點進行思考（在他的接觸通道下工夫）。緊接著，我打算要求他執行一項任務，去購買並閱讀一本關於交流分析的好書。我會要求他閱讀關於腳本的章節，並且找出自認為自己最典型的禁令。我期待稍後可以針對他在情感層面的目標通道進行工作。我可能會邀請他運用雙椅技巧（two-chair technique）或早期場景，進行某些再決定的工作。屆時他可能表達出對於這些父母禁令藏匿多時並且占據心靈的感覺。

🌸 處理「不要存在」禁令

一如所有的個案，我知道羅伯特很可能也有不要存在的禁令。歷程模型並未包含用來辨認不要存在禁令的特殊線索，禁令也非必然特定地相應於某種人格調適型態。然而，我並不會在為羅伯特治療的任何情況下，預期自殺、殺人或發瘋等議題將明朗地浮上檯面。反而會在他準備好的時候，要求他封閉逃生艙（第 7 章）。

持續地修訂治療計畫

所有根據歷程模型所「解讀」出的推論，僅能用來建立初步的診斷與治療計畫。當然，這些初步的解讀也是具有其試驗性質。你可以把它當作是一幅地圖的草稿，許多的細節只用鉛筆做了些粗略的描繪。可以確認的是，在你工作進行的同時，這幅地圖需要進行許多的校訂與細部的修改。

158

　　在某些部分，你將使用更深入的診斷方法進行這項細部修訂的工作。例如，你可以執行完整的腳本分析（第6章）。相對於運用**歷程模型**進行預測，這將使你更加仔細地解讀個案的腳本內容。**扭曲系統**的分析將提供你額外的訊息，了解個案當下的腳本型態（Erskine & Zalcman, 1979; Stewart, 1989: 15-29）。

　　然而，細部修訂治療計畫主要的方法就是開始執行，然後持續進行修訂。你可以根據初始的**歷程模型診斷**，透過擬定初步與概略性的治療方向，開始工作的執行。這就是我對本章詳細描繪的個案所做的工作。

　　接著你可以開始運用這些試驗性的構想。同時，你可以繼續觀察來自於個案的回饋。這將會提供你更進一步的證據，藉以對初步診斷的正確性進行驗證，然後可以再進行修訂的工作。此刻，你可以據此對治療計畫的方向進行修訂，接著開始運用這些修訂後的計畫，並觀察進一步的回饋 —— 諸如此類。

　　這就是**治療三角**的核心意義。診斷、契約與治療方向從來就不是靜態的，彼此也非獨立而不相關的。它們反而是持續不斷地流動與交互作用，其中有一項因素有所變動，就可能會造成另外一或兩項因素的變化。完整的**歷程模型**提供你可靠的路線圖，使你賴以持續掌握這些變化。

關鍵
要點

- 歷程模型的運用幫助你對個案的診斷、契約與治療方向進行初步的組合。
- 當你持續與個案進行合作時，希望能持續這項三方組合修訂的歷程。

CHAPTER 24 順著個案進入歷程模型

　　本章將說明如何更為深度地應用**歷程模型**。如果你不熟悉這個**模型**，你可以讀完這一章，然後具備一些運用**歷程模型**的經驗之後，再回頭來複習本章的內容。

　　截至目前為止，我在描述**歷程模型**時，似乎指出個案於**模型**中僅處於某種位置。例如，我推測某些個案「具有」討好你的關鍵驅力。這意味著他也「具有」過度反應者的主要人格調適型態。換句話說，這點也可以用來預測他將「具有」情感、思考、行為的威爾氏序列，並且偏好透過撫育性頻道 4 做溝通。

　　這些資料本身對於診斷與治療計畫具有相當大的應用價值。然而，為了要精確地使用**歷程模型**，我現在建議你放下人們只會處於單一位置的假設。反而在實務上，你可以察覺到個體會在**歷程模型**的不同位置上做變動。我在本章提出建議，當個案果真在**模型**中有所變動時，你可以**順著**他進行轉換以增加自己的效能。

圍繞著歷程模型的長短期變動

　　這些歷程模型的變動顯然有兩種類型：**短期**與**長期**。

　　所謂「短期」的變動，指的是個體可以在瞬間由模型中的一個部分轉移到另一個部分。例如，在某剎那間，她可能顯出符合**懷疑論者**調適型態的驅力、接觸通道，以及偏好的**頻道**。而在下一個時刻，她卻可能轉而顯示白日夢者的訊息。

　　相對地，人們唯有達成腳本的改變時，才可能有「長期」的變動。經歷諮商、心理治療或生活型態的某些重大改變，可能促

成這種變化。當個體做了改變，他將呈現不同的驅力型態。人格
調適型態、偏好的**頻道**、**威爾氏序列**都將隨之而有所改變。在本
章的第二部分，我將描述這個模型長期變動的各種類型。

160

以短期行動的角度跟隨個案：案例

　　接受我督導的一位學生提出報告，表示他在追蹤個案的治療方
向時遭遇困難。我的學生表示，每當諮商師感覺個案「身處某處」
時，他就會以某種方式轉移焦點，導致諮商的進展停滯不前。

　　我在督導中運用**歷程模型**的詞彙分析這個問題。在對他做**歷
程模型**的初步診斷時，接受我督導的學生注意到個案最常透露出
驅力要完美的行為訊息。於是他總結個案的關鍵調適型態屬於**工
作狂**一類，並具有思考、情感與行為的**威爾氏序列**，還有所偏好
的請求性**頻道 3**。

　　然而，當我聆聽該學生治療個案的工作錄音時，我察覺個案
有時候會轉換這種模式。他會表現出**努力嘗試**的驅力，替代**要完
美**的關鍵驅力。我的學生了解自己漠視了這些變化；當然，是因
為他已經認定個案「具有」**要完美**的關鍵驅力。

　　我們也觀察到有趣的現象，注意到這些關鍵驅力的轉換並非
隨機地發生。而是在個案開始面對腳本特殊的重要改變時，才會
典型地做這樣的轉換。

　　我建議我的學生，在個案表現出關鍵驅力的轉換時，試驗一
種新的介入模式。每當個案表現出**努力嘗試**時，他應該表現得好
像個案具有**批評者**的關鍵調適型態，而不是**工作狂**。因此，他應
該採用行為、情感、思考的**威爾氏序列**，並且運用**情緒性頻道 5**。
我的學生表示同意，願意嘗試這項策略。

　　他在下一次督導中向我報告，表示在首度使用新策略時便「神

奇地起了作用」。當個案由工作狂轉換為批評者的時候，該學生隨著他轉變並保持接觸。個案會繼續往前邁進並做出重要的再決定。

　　然而，我的學生表示在接下來的會談中，他似乎與個案再度失去接觸。在這一次，有了我們初次督導發展出的了解，他已經另外對個案的驅力訊息做了檢驗。很肯定地，個案再度由批評者轉回到工作狂。該學生再度調整頻道與接觸通道做因應，並表示能夠讓工作再度有效地推展。

　　有時就像這個案例，個案會在某些關鍵時刻，於關鍵的調適型態間做轉換，作為防衛腳本的方法（轉換的動機可能只有在事後的督導中才會變得清楚）。偶爾，個案轉換得更加快速，卻沒有顯著的腳本動機，因此他們在會談中，好像幾乎隨時在轉換關鍵驅力與調適型態。

　　很幸運地，有項「經驗法則」讓追蹤這種轉換還算簡單。如下所示：一個交流接著一個交流，選擇你的頻道與接觸通道來適應個案所表現出的驅力。

　　例如，每當個案表現出要完美的驅力，便假設他會有半秒鐘的時間處於工作狂的調適型態中。於是，選擇當下的反應，採取頻道3（請求的），並遵循思考、情感、行為的威爾氏序列。如果在接下來的交流中，你的個案表現出要堅強的驅力，那麼便立刻轉換你反應的行動，使用頻道2（指導性），並遵循行為、情感、思考的威爾氏序列。

　　乍看之下似乎顯得複雜，但是只要稍加練習便會變得自動化。下頁的列表是一份備忘錄，提供你做快速反應的參考，它說明個案的驅力行為、頻道及接觸通道間的對應關係。

　　你進入開放通道或目標通道與否，將取決於你與個案合作的時間。如果你進入了目標通道，發現回應的是另一個驅力行為，那麼一般而言就得回到開放通道。

驅力	頻道	開放通道	目標通道	陷阱通道
要完美	3，要求性	思考	情感	行為
要堅強	2，指導性	行為	思考	情感
努力嘗試	5，情緒性	行為	情感	思考
討好你	4，撫育性	情感	思考	行為
要趕快	4，撫育性	情感	思考	行為

在較為長期角度下的歷程模型中行動

162

當個案在諮商的過程中做改變時，她很可能在**歷程模型**所處的位置表現出典型的改變。這些改變的關鍵性質就在於個案可以**擁有更多的選擇**，採用不同的行為、思想與情感腳本，表現出各種不同的人格調適（Kahler, 1979a: 28-30; Kahler, 1995, 個人通訊）。

個體在開始接受諮商時，典型地將以某種人格調適作為起點，也很清楚地是其主要的一種調適模式——她的「本壘板」。當她逐漸獲得個人的改變之後，也將變得更為泰然自若地處於第二種調適的型態。請注意，她**並非喪失**原先的調適特質；她仍可一如從前，流暢地運用自如。在她安然地保持前兩種能力，並更進一步地做出改變時，甚至可以發展出第三種調適的型態。

當我提到「人格調適型態的劇本」時，我指的不僅是它典型的特徵（回顧表 19.1），也包含**所有歷程模型**的特性。因此，「本壘板」調適屬於工作狂一類的人，也會以**要完美**作為他最常使用的驅力行為。他的**威爾氏序列**將會是思考、情感、行為。所偏好的**頻道**則會是**請求性頻道 3**。他的腳本信念與典型的扭曲感覺，雖不是很容易推測，不過很可能相當接近那些典型工作狂調適型態者的內容（表 19.3 與 19.4）。

當個案擴展其劇本，獲得第二種所謂過度反應者的調適能力時，他並不會失去工作狂的任何一項特質。然而相對於過去，他也將會更加頻繁地表現出討好你的驅力。他將準備好在另一種情感、思考與行為的威爾氏序列中進行接觸。他將會獲得溝通的能力，在撫育性頻道 4 中感到舒適。在他的腳本內容中，除了工作狂的人格調適問題之外，也會加入過度反應者的典型問題。

如果個體持續改變，並轉而擁有額外的第三種調適能力，所謂白日夢者的模式，那麼又將會如何呢？屆時他將取而代之以要堅強作為經常表現的驅力。同時，他也會採用行為、思考、情感的威爾氏序列，並且運用指導性頻道 2 作為溝通的工具。個體的腳本內容將獲得擴展，並融入白日夢者典型的特質。

163

🎖 長期行動具備多少程度的預測功能？

在 Taibi Kahler 發展歷程模型之初，他相信人們將會從他們的「本壘板」，根據某種可以預期的順序，轉向其他兩種調適型態。這個順序會根據由那個「本壘板」調適型態出發而有所不同（Kahler, 1979a: 31-42）。

至今，就歷程模型進行的描繪實證，已經累積超過二十萬個案例，[1] Kahler 獲得的結論顯示，長期變動的實況超乎預期地複

1　過去幾年來，Kahler 正在發展一套名為交流分析腳本描繪（Transactional Analysis Script Profile, TASP）的電腦輔助系統，可供臨床應用於人格描繪。這套系統所根據的理論為歷程模型，以及 Kahler 早期在迷你腳本（Miniscript）的研究成果（Kahler, 1974）。這套經過效度驗證的描繪系統可以鑑定並且尋求腳本中許多分項間的相關，包括：自我狀態、交流、遊戲、人格結構，生命階段、心理需求、驅力、扭曲情感、防衛機轉、角色、定位、早期決定、知覺的六種形式、失敗機轉、主要癥結，以及潛藏的腳本議題。除此之外，它也可以提供有效的治療技術與介入策略（Kahler, 1995, 個人通訊）。

雜。如今他對人的看法有所改變，認為可以由六種調適中任何一種「本壘板」的型態，**任意依循不同的順序轉往更進一步的任何一種調適型態**（Kahler, 1995, 個人通訊）。Kahler 現在使用**階段性改變**（phase change）這個名詞，描述個體在維持原先調適的劇本下，經由一種調適轉向另一種調適的過程。

他現今的發現指出，你無法以任何一種預定的原則，預測這種長期的階段變化。你反而需要對調適型態可能的長期變動保持覺察，並在你進行診斷時有所發掘。請你特別牢記在心，個案很可能透過經歷心理諮商這項根本的事實，做出了腳本的改變。一旦如此，他也很可能在**歷程模型**上達成了階段性改變。

Taibi Kahler 建議你應該在治療時與個案在「本壘板」的調適型態上進行初步接觸。然後，如果他做出了階段性的改變，你與他合作的焦點應該轉到**新的**調適問題上 —— 也就是他已經轉往的調適型態。

🌼 對診斷的意義

根據這項描述，你會發現在一個人達成更多的個人改變之後，將越來越難把他「放到」歷程模型當中。如果來找你尋求諮商的個案已經完成成效顯著的個人改變工作時，這點就會即刻地被凸顯。你可能會發現就某些個案而言，似乎難以形成初步的**歷程模型**診斷，並且會有「擴散」（diffuse）的狀況。

然而，你可以化腐朽為神奇，將顯而易見的問題化為利基。你可以把以下的觀念牢記在心，相對於只是停留在**歷程模型**裡某種清楚界定而且堅固的「本壘板」上的其他人，不論在溝通的接受或者表達層面，個案都**擁有許多的選擇**。

164

交流分析
諮商能力發展

🌸 對治療的意義

對已經在**歷程模型**中改變與發展出許多選擇的個案,你可以使用許多我在本章與前面幾章提出的及時性方法。特別有用的方法是追蹤驅力行為的轉換,並且運用本章稍早描述的方法,分秒地以相應的**頻道**與接觸領域回應每種驅力。你也可以持續地測試接觸領域與**頻道**(回顧第 21 及第 22 章)。

在規劃較為長期的治療方向上,你可以把我先前提出有關 Taibi Kahler 的建議銘記在心。也需要了解個案很可能比別人較少投注於特定的**頻道**或威爾氏序列。這意味著你或許可以相對快速地轉換到個案的目標通道,而不需花費許多時間在開放通道上做最初的接觸。即使個案在大部分改變的過程中,並未接受你的個別治療,仍然可以運用這個方法。個案事實上可能主動邀請你進入他的目標通道。如果他在沒有附帶驅力行為下這麼做,你要做的當然是就是順勢而為。

> **關鍵要點**
>
> - 你一旦熟悉了基本的歷程模型,便可以加上自己的洞察,體察個案在模型中可能的變動。這種變動可能瞬間發生,或可能需要較長的時間,在個案達成腳本改變之後才發生。
> - 如果個案確實在歷程模型中有所變動,你得立刻配合他做調適與改變。

第**6**篇

治療技術

我認為治療方向應該同時包含**策略**與**技術**。我所謂的「策
略」是指：根據整體治療計畫的角度所規劃的介入方法。而所謂
的「技術」是指：在每一次會談當中與任何片刻之間，所選擇的
介入方法。

最後這一篇談的是技術問題。在本篇的六章當中，包含兩大
主題。其中之一是**面質**，包括：面質什麼（what）、何時（when）
面質，以及如何（how）面質。另一個相關的主題在於如何成功地
結合神經語言程式（neuro-linguistic programming, NLP）與交流分
析的技巧與概念。我特別在第27與第28章探討兩個神經語言程
式概念的應用：**時間架構**（time-frames）（Cameron-Bandler et al.,
1985）以及最終如何小心使用**動詞時態**（verb tenses）（Andreas &
Andreas, 1987: 25-36）。不僅是在這六章當中，整本書的內容同樣
也都已經融合了神經語言程式與交流分析的概念。第29章的內容
則描述一種神經語言程式的技巧，所謂的「聲音轉換」（shifting
the voice），這項技巧可以巧妙地運用在交流分析解決癥結的目的
上。

　　過去幾年來交流分析的優勢力量之一，在於它擁有能力在其獨特的理論「傘」下，舒適地擷取並運用其他取向的技術。相對地，它也已經回饋給其他學派許多的技術與洞察。我相信我們只不過是開始了解結合交流分析與神經語言程式的共同利益，然而我希望以下這些章節的內容可以加速這項理解的歷程。

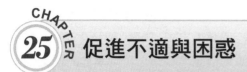

25 促進不適與困惑

「我對那樣感到不舒服！」

當你要求個案以某種特殊的方式採取行動、思考或者感覺時，你常會聽到這樣的反應嗎？

我們採用人本取向的心理學，並且都認同應該仁慈地對待彼此。因此，傳統上你的反應可能會像這樣：「好的，如果你感覺不適，讓我們用另外一種方式來進行。」

然而，如果你的反應是這樣的話：「我聽到你對我的建議感到不適。但是不論如何，你還願意繼續往前邁進嗎？」情況將會如何呢？

甚或只是回答：「很好！」

我在本章要指出，有時候促進不適對你是會有好處的。我特別要重視的是一種稱為困惑的不適。

🍂 不適與個人改變

交流分析督導教師 Shea Schiff 在工作坊的演說教導大家：「為了獲得更大的舒適，有時候你必須經歷某些不舒服。」

我要補充的是，有時為了達成持久的腳本改變，人們必須轉換到某種位置，經驗**恆久**巨大的不適。自主與舒適並非同一件事情。

然而，以為治療性改變總是會伴隨不舒服的感覺，我認為也是一種錯誤（回顧第 3 篇第 1 章有關「假設」的部分）。例如，我

166

質疑人們如果想要獲得持久的改變，某種程度必須「回溯童年創傷」的假設。我相信你的治療藝術在於了解個案所渴望的改變，在什麼時候會牽涉到不舒服的感覺。如果你可以讓你的個案完全處於舒適的狀態並促進改變，那是最好不過了。如果個案不會涉入不適的感覺，那麼你也可以盡快地對他進行面質。

什麼時候的不適感具有療效呢？

幸而，交流分析的理論提供多項準則，你可以牢記在心，並且用來檢驗個案，判斷個案的不適是否具有治療效果。你可以自問以下三個問題：

1. 個案的不適感是扭曲感覺，或是真實感覺？
2. 如果不適感是真實的，它可以有效地在某種妥善的時間架構下解決問題嗎？
3. 如果第二個問題的答案是「肯定的」，那麼在個案顯出不適時，他是否也運用當下的資源積極地解決問題呢？

🍁 不適感是扭曲感覺，或是真實感覺？

在第 1 篇第 3 節中，我概括地說明了交流分析理論中扭曲感覺與真實感覺之間的差異。扭曲感覺是在兒童時期學來的感覺，是一種操縱的技術，在成年時期用來推動腳本的演出。因此，你如果安撫了以扭曲感覺形式表現的「不適」，那麼就完全沒有治療效果。

然而，如果你拒絕安撫表現出來的扭曲感覺，那麼你要做什麼反應才好呢？有一種有效但是弔詭的做法，就是常常鼓勵個案**凸顯**其扭曲感覺（McNeel, 1976; Stewart, 1989: 150-1）。在使用

這種「凸顯」的做法時，你促使個案迅速升高扭曲的感覺，將不適感提升到越來越高的程度。它的目的在於促使個案最終能感到「過了頭」的不舒服，因而使他自然地脫離扭曲而有某些真實的表達。藉由這種介入的方法，你促使個案**更為深入地**投入與經驗他的不適，而不是與它保持距離。

個案的真實感覺對於當下問題的解決是否具有功效？

有四種真實感覺（請回顧第 1 篇第 3 節），包括憤怒（生氣）、哀傷、驚恐與喜悅。然而，這四種感覺並非總是真實的。相對於真實版本的相同感覺，人們也的確可以表現出扭曲的憤怒、哀傷、驚恐或快樂。你要如何辨別扭曲與真實呢？

方法之一就是觀察個案的驅力行為（回顧第 17 章）。如果個案在表達這四種感覺之前的瞬間，**並未**出現驅力行為，那麼他所表達感覺就是真實的。如果他**確實**表現出驅力行為，那麼感覺則可能是扭曲的，也可能是真實的。

George Thomson（1983）曾經提出另一種辨別的方法。他指出：真實的恐懼、憤怒與哀傷，具備在當下**解決問題**的效果。它的功效分別與三個時間架構緊密地結合，即：未來、現在與過去。

Thomson 表示，真實的**恐懼**可以有效處理**未來**的威脅。如果我在暗巷看到可疑的人物，我會感覺恐懼湧上心頭。我的反應是確保自己停留在其他人看得到的大街上。於是我可以保護自己，避免未來受到可能的威脅。（以這個案例來說，威脅可能迫在眉睫。）

根據 Thomson 的說法，真實的**憤怒**具有功能，可以因應**當下**的入侵、攻擊或侮辱。在巴士站上車時，如果有人莽撞地推擠，我可能會因此感到憤怒，並且嚴厲地回應，要求他小心一點。

168

Thomson 指出，**哀傷**的真實感覺有效處理了**過去**的問題。這些問題呈現的形式，反應無法挽回的失落。如果某位關係親近的親戚過世了，哀傷的情緒是我了解已無法挽回他的事實的一種反應。這種情緒使我了解自己正在處理此時此地的這項問題。藉由填補死者過去在「內在地圖」裡所占據的空間，來處理這個問題。

Thomson 表示，如果個體感受的恐懼、憤怒或哀傷，已經脫離適當的時間架構，那麼就成為一種扭曲的感覺。例如，某人可能終其一生氣憤某位已經過世多年的人，期待「扭轉過去」而讓這位死者可以表現得如她所願。另一個人則可能持續對某件從未發生過的恐怖遭遇感到傷心難過。

Thomson 所提出的方案提供你另一種指引，決定是否邀請個案深入不適的感覺。你可以自問：「以未來、當下或過去的幾種時間架構來看，這種不適的感覺 —— 恐懼、憤怒或哀傷 —— 是否具備功能，有益於個案的問題解決呢？」

在個案顯出不適時，他是否運用當下的資源積極地解決問題呢？

Bob Goulding 在工作坊的演說中曾經指出，單純地「宣洩情緒」並不必然具備治療效果。人們並非擁有「一籃子的壞情緒」，而需要一定程度地清理。Goulding 指出，事實上那個籃子可能深不見底。如果這個人沒有任何作為而只是宣洩情緒，他可能持續幾月或幾年都是如此，任何改變都不會發生。如果他真的想要改變現狀，那麼就必須在某個時刻**採取**一些新的作為。他必須運用當下的資源，積極地解決他的問題。

我相信 Goulding 的告誡也同樣可以充分運用在真實與扭曲感覺的表達上。即使是真實感覺，情緒表達本身也不足以解決問題，還是得針對問題採取某些行動。

169

上述關於恐懼、憤怒與哀傷的三個案例,將可清楚說明這一點。我必須把當下的資源帶入每一個案例的遊戲當中,分別用來解決未來、當下以及過去的問題。為了讓恐懼對我有所助益,我必須積極地回應它 —— 方法是越過馬路 —— 而不只是感覺它。同樣地,我必須堅定地對這位在巴士上推擠我的人表達憤怒,以達成制止他繼續推擠的效果。如果要從哀傷的復原效應中獲益,我就必須採取不同的方式運用當下的資源:我必須在此時此地,**放開我過去早已失去的愛戀對象**。

我所提出的建議可供你作為另一種指引,有效因應個案在諮商中轉入不適感覺的時刻。為了判斷這種不適是否具有療效,你可以自問:「個案是否只是再度感受或表達不舒服的感覺,而沒有做任何改變?或者他正在運用這個不適的感覺作為**行動**的指引呢?他是否正在運用此時此地的資源,解決讓他感到不適的問題呢?」

任何時刻,你都可建議個案簽訂一份契約,決定積極地運用此時此地的資源。

真實困惑的重要性

標準的交流分析理論認為困惑經常是一種扭曲感覺。我認為這種假設過於籠統。我的看法是:困惑有時可能是種扭曲感覺,不過**有時**也的確有**真實的困惑**。 如同面對其他扭曲的情感,我建議你應該面質扭曲的困惑;但是也該安撫真實的困惑,例如:

個　　案:我對你剛才說的話感到困惑。

諮商師:很好!

　　這是否意味在傳統交流分析的「四種真實感覺」之外，還得增加另外一種真實感覺呢？答案並非如此，因為困惑並不是一種感覺。你反而可以稱之為一種特定的思考狀態。這就符合目前來解釋扭曲的意義所已經建立的交流分析理論。扭曲系統除了情感這項內容之外，也涵蓋了行為與思考的腳本模式（Erskine & Zalcman, 1979）。

　　神經語言程式大師 Richard Bandler 曾經稱頌神經語言程式之優點。就他而言，「困惑……經常是一種指標，指出你正在前往理解的路途中」（Bandler, 1985: 83）。我認同 Bandler 將困惑描述為一種心智的騷動。我相信困惑對於個體內在地圖重組的必要性〔或者以交流分析的語言來說，就是他的參考架構（frame of reference）〕。

　　對你而言，再度浮現的實務問題是：你要如何分辨真實（有益的）或者扭曲（腳本的）的困惑呢？一如從前，有效檢驗方法之一就在於注意是否出現驅力行為。如果個案在變得困惑之前**並未**顯現驅力行為，那麼他就是在真實的困惑狀態，而不是在扭曲的困惑當中。如果他**確實**顯現出驅力行為，那麼困惑則可能是扭曲，也可能是真實的。

　　如果驅力是**努力嘗試**，那麼接下來則極可能是扭曲的困惑。在最常見的驅力扭曲序列當中，這屬於其中之一。

　　令人振奮的是，即使錯誤地解讀了個案的困惑，你通常還是透過引導個案重視它而達到有效介入的目的。如同上述的案例，簡單的一種做法就是說聲「很好」。這樣的聲音在社交層面上看似在安撫一種扭曲，然而即使個案的困惑是一種扭曲，這種做法仍然會在心理層面產生弔詭的作用。在**兒童**自我狀態中，個案期待父母的壓制（預期的負向安撫），而非他當下聽到的坦率認同。或者，你可以運用如下的方式加以強調：

170

個　　案：我對你說的話感到困惑。

諮商師：那麼，繼續前進並且讓自己更加困惑，你覺得如何？
　　　　需要多少時間都沒有關係；只要你願意，就讓自己
　　　　全然地困惑。

> 關鍵
> 要點
>
> - 開放地面對任何不適的可能，包括困惑都可能是
>   邁向治療性改變的道路。
> - 運用我在本章所提列的線索，幫助自己判斷何時
>   呈現真實的不適與困惑，何時則是腳本的不適與
>   困惑。

CHAPTER 26　了解該面質什麼及何時進行面質

　　身兼交流分析治療師與訓練師、受人景仰的 Shea Schiff，曾在工作坊的演說中這麼說：「只有傻瓜才會宣稱要面質所有的漠視。」

　　由於 Schiff 曾經身為首度發展漠視理論的團隊成員，因此這番論述格外有力。

　　然而，假設你並非傻瓜，不會面質所有的漠視，那麼你究竟要面質哪些漠視呢？

　　我在本章要提出一套經驗法則，幫助你在會談中可以隨時做這項決定。

本章緣起

　　我假設你已具備辨別漠視與再定義的技巧（需要回顧文獻的讀者，請參考 Schiff et. al., 1975: 14-18; Stewart & Joines, 1987: 173-93; Stewart, 1989: 109-33）。

　　我也要提醒大家在交流分析諮商中所謂「面質」是什麼意思。簡單地說，面質就是說些話或做些事好讓個案脫離腳本。「面質」並不必然意味嚴厲或攻擊性的介入；相反地，你可以採用同理與關懷的風格進行有效的面質（請參閱後續幾章）。

關於面質的七個問題

　　我建議你在決定是否面質的時候，可以自問七個問題。這幾個問題大致上有個階層。也就是說，你應該在進行下一個問題之前，先行檢驗並且釐清排列在清單前面的幾個問題。

　　當你詢問前面三項問題時，你將釐清有關面質的原則。也就是說，「**只在……進行面質**」或「**除非……否則不進行面質**」。其他四個問題的答案所提供的並非面質的原則，而是具備彈性的指引。在這些案例當中，知道何時面質乃是一種藝術，而非精確的科學。這些問題如下所示：

1. 我是否已經與個案簽訂了**腳本改變的契約**？
2. 個案是否已經一致地**封閉逃生艙**？
3. 漠視是否與**第三度腳本結局**[1] 有關？
4. 如果沒有立即面質個案，我是否可以**蒐集個案有效的資料**呢？
5. 如果並未立即面質個案，我是否可以另闢蹊徑，**面質個案更為深度的議題**呢？
6. 你與個案之間的關係發展到哪個階段呢？

1　譯註：交流分析的腳本理論指出，人類在兒童早期便為自己制定了終身計畫，該計畫稱為生命腳本，簡稱為腳本（Berne, 1972; Steiner, 1974; Stewart & Joines, 1987; Stewart, 1989）。腳本乃以戲劇的型態構成，包含起承轉合的歷程，謝幕的場景稱之為腳本結局。Eric Berne（1972）指出在臨床工作中熟悉的腳本結局包含四種類型，並將其命名為：孤獨者、流浪漢、發瘋與死亡。

交流分析有關遊戲的理論，同樣談到結局的概念，指出人類渴望獲得安撫，卻又在一連串的隱藏交流之後，重複地獲得負面的結果，這稱之為遊戲結局（game payoff）。Berne 指出：就像燒燙傷一樣，可以根據嚴重程度將遊戲區分為三種程度（degree）。第一度遊戲（first-degree game）會以驚訝與不舒服的感覺做結局；第二度遊戲（second-degree game）則會引發足夠的痛苦，用來明確地肯定腳本信念；第三度遊戲（third-degree game）則是最嚴重，並且最具傷害性與破壞性，可能會導致無可挽回的結局（請參考 *Transactional Analysis, Counselling*, Lapworth, Sills, & Fish, 1993；《交流分析諮商》，江原麟譯，心理出版社，2004）。

Berne 並未將腳本結局做嚴重度的分類，Stewart 在本書則借用 Berne 對遊戲進行分類的依據，也就是傷害的嚴重程度，以「第三度」（third-degree）一詞來形容死亡、自傷或傷人、兒虐、刑事犯罪或發瘋等具備最嚴重的傷害性與破壞性的腳本結局。

7. 根據你現有治療方向的角度來看，漠視的**內容**是什麼？

你與個案是否簽訂了腳本改變的契約？

這項原則相當簡單：**沒有契約就不要進行面質**。我相信在治療的早期階段，牢記這項原則特別重要（回顧第 3 章）。例如在接案或進行腳本分析時，對彼時彼地的議題進行面質，可能十分誘人；對你來說，它們經常如此清晰鮮明，然而對個案而言，卻顯然晦澀朦朧。然而這經常是一項錯誤。它違背了交流分析「我好，你也好」的哲學基礎。Goulding 曾經說過這樣的名言：「如果尚未與個案簽訂一份明確的治療契約就開始對腳本進行面質，那麼你就從**治療師**變成了**強暴犯**。」

你的個案是否已經一致地封閉逃生艙？

即使你與個案已經簽訂了一份明確的治療契約，在他封閉逃生艙之前，也不應該面質腳本的**任何部分**（回顧第 7 章）。

這項原則唯一的例外，就在於為了避免悲劇發生，而你提供個案暫時性身體保護的時候。例如，在成員長時間相處的「馬拉松」團體中，你可以能會立即採取行動面質存在的議題。甚至如果在馬拉松團體結束時，這個議題仍舊維持在開放的狀態，關鍵的是你得**預先**為個案安排進一步適當的保護措施。

漠視是否與第三度腳本結局有關？

我所謂「第三度」（third-degree）是在指涉與死亡、傷害自己或他人身體、兒童虐待、犯罪活動，或發瘋有關的腳本結局。在所有正常的狀況下，你應該立即面質與這種議題有關的漠視。例如在個案談論致命的車禍，卻發出絞架上很不搭軋的笑聲時。

173

🍁 如果沒有立即面質個案，我是否可以蒐集個案有效的資料呢？

往往，個案最初所呈現的問題在於想要轉變他的反腳本。然而在進行腳本分析時，你將發現反腳本議題經常「遮蔽」了更深的腳本議題。有位來接受諮商的典型案例，他希望可以治癒工作過度的問題，但是卻發現他的**兒童**自我狀態運用過度工作作為防衛，來對抗**不要存在**的禁令（Goulding & Goulding, 1979: 44-8）。

如果你懷疑在工作中有這種結構，你可以選擇不要立即面質表面的議題。而是讓個案繼續談，你則蒐集與更深層議題有關，而且真正有利害關係的資料。

另一種常見的案例發生在你決定是否該面質個案的驅力行為時。可以回顧第 17 章，在你面質某項驅力時，也正在面質個案的某個反腳本信念。然而，你可以選擇不要立即面質驅力，而是等候個案由驅力轉往扭曲感覺。你可以運用這種方式蒐集與個案典型驅力有關的資料 —— 扭曲型態，以及相應於扭曲感覺的腳本訊息。

🍁 如果並未立即面質個案，我是否可以另闢蹊徑，面質個案更為深度的議題？

這個問題是直接由上一個問題延伸而來。再度思考採用過度工作的腳本防衛作為對抗**不要**存在的方法的這位個案。不要立即面質工作過度的主題，而是採用開放的方式，稍後再面質更為根本的存在議題。

這表示你在這裡的選擇通常會降低到一定的程度，僅在於決定採取行動的優先順序。如果你選擇先行面質過度工作的議題，那麼你可能認為存在的議題遲早會浮現。這倒是再度彰顯保護的

重要性，不論以任何的順序進行，特別是在面質之前都需要檢視逃生艙的問題。

你與個案之間的關係發展到哪個階段呢？

Eric Berne 曾經談論「遊戲的劑量」（Berne, 1972: 349-51）。Berne 以他常見的戲謔風格提出建議，表示如果太早在治療過程當中面質個案的遊戲，個案兒童的反應經常可能只會破壞關係。然而 Berne 也表示，如果你不及早進行面質，個案可能會決定以任何方式離開。在這種情況下，他也許會看到你在兒童的敏感狀態，無法提供他足夠的挑戰。

於是在決定是否要進行面質的時候，你應該考慮自己與這位個案之間是否已經鍛造了穩固的關係。根據一般性的經驗法則，在關係較早期的階段，你應該比較少進行面質；反之亦然。如果你過早面質個案的腳本題材，即使你們已經建立了穩固的契約，他也可能只是以離開做回應。他可能藉由中斷諮商而在語意上實際地離開了，也可能象徵性地退縮而遠離改變的歷程。

個案的人格調適型態也適用於面質這個主題。Berne 曾指出，面對妄想型（懷疑論者）的個案，特別重要是在關係尚未達到安全的基礎之前，應該避免進行面質（Berne, 1966: 90）。根據我的經驗，這點也同樣適用於面對具有白日夢者與評論者調適型態的人。面對過度反應者、工作狂以及操縱者，較為早期的面質反而往往具有功效。

以你現有治療方向的角度來看，漠視的內容是什麼？

這裡的問題在於：「如果面質這項特殊的漠視，是否有助我在目前所遵循的治療方向上，獲得更進一步的發展？抑或此刻的面

質，只會讓我與個案停止追逐分散注意力的『紅鯡魚』²。」

　　你與個案目前所訂定的*治療契約*可以在這裡作為指引。例如，如果你與個案的契約是關於「**不要思考**」的再決定，你可以選擇忽略他對感覺能力的漠視。這裡我強調是「可以」，不過決定將會十分仰賴你對其腳本的詳細了解。

　　甚至，有時個案可能在腳本深層部分做重大改變的期間顯現出驅力行為。果真如此，你可以選擇忽略驅力而不進行面質。例如，傑克的單次會談契約，是要以想像的方式當作父親在座椅上，並對他表達自己的傷感。傑克用了幾分鐘的時間，表達他對父親未能扮演期待中角色所感受的扭曲憤怒。接著，傑克的聲音與表情有所變化，雙眼布滿淚水地道出：「想到這點讓我感覺非常傷心，爸爸。」接著便潰決地哭泣了起來。

　　我可以面質他**要堅強**的口語表達。不過我並沒有這麼做，因為內容並不恰當。在獲得表達如何感傷的允許下，傑克可以稍後再考慮是否仍有這樣的需求，表達任何受到觸動的感覺。

175

> **關鍵要點**
>
> ● 由於實務上無法面質所有的漠視，治療的藝術在於決定該面質哪些主題及何時進行面質。你可以運用本章所列舉的七項指引，幫助自己做判斷。

2　譯註：紅鯡魚（red herring）是一種隱喻，意指轉移了焦點，讓注意力不在原來的目標上。這個隱喻可能與把煙燻的鯡魚掛在獵得的狐狸尾巴上，用它的味道來轉移焦點的行為有關。

CHAPTER 27 溫柔地面質

前一章我提出指引，建議要面質什麼主題，以及何時進行面質。這一章的焦點則在於如何進行面質。

以不失去任何面質的衝擊效應作為前提，我建議你可以運用各種讓你同理個案並與其維持「同一陣線」的方法進行面質。

「溫柔」與「剛硬」的面質

所謂「溫柔的面質」（soft confrontation）與「剛硬的面質」（hard confrontation）是我自創的名詞。它們並未出現在交流分析的標準詞彙當中，它們也並非截然不同的面質風格；而是彼此相互融合。基本上，這兩項名詞指出面質**意圖**（intent）的差異。如同先前我的敘述，在溫柔的面質當中，意圖是要在面質當時與個案保持聯盟與同理；相對地，剛硬的面質企圖強烈地橫越個案當下的信念、思考、感覺或行為。

以交流分析理論的角度而言，這些差異有什麼意義呢？以下有兩類型的特徵，（通常）可以用來區別溫柔的面質與剛硬的面質：

176
1. 在剛硬的面質當中，你以負面安撫的方式對個案展現你的企圖。而在溫柔的面質當中，你以正向的安撫表達企圖。
2. 在剛硬的面質當中，你錯開了交流。在溫柔的面質當中，你維持互補的交流。

🌿 溫柔的面質必須達成什麼目標？

一如所有的面質，溫柔的面質必須引導個案根據當下的現實測試其腳本信念。然而，它以正向而非負向安撫的形式出發。這怎麼可能呢？個案怎麼不認為正向安撫是在「肯定」他的腳本信念，而是面質他呢？

答案在於執行溫柔的面質時，你的目標是要執行以下三項事務：

1. 認知你已聽到並了解個案目前的參考架構（他內心的「世界地圖」）。

2. 對於個案展現的無效模式當中的良善企圖，給予正向的安撫。

3. 指出為了在當下實踐其良善的意圖，這種無效的模式並非個案最佳的選擇。

你不需要全都在社會層面執行，心理層面的溝通就可能完成一些或者全部的任務。

溫柔面質的技術

溫柔面質的技術主要仰賴你運用口語加以建構（construction），這些口語的工具聽起來相當類似直接的回饋。然而，它們事實上除了回饋之外，還**加上**一組有系統的語言轉換。你接收個案的漠視，把它稍微轉個彎，然後以一種隱微卻經過改變的形式送回給個案。

這些口語上的轉換，可能包含以下四項工具之一，或者其中幾項：

1. 由「每個人的問題」重新建構（reframing）為「你的（個案的）問題」。
2. 將問題由「接受的事實」轉為「個案的信念」。
3. 把腳本模式由現在進行式轉為過去式。
4. 由「負向結果」重新建構為「正向意圖」。

由「每個人的問題」重新建構為「你的（個案的）問題」

身處腳本中的人，經常不願明白地宣示究竟在談論誰的行為或信念，以這種方式述說著喪失功能的行為或信念。藉由個案所使用的語言，你經常可以推論其內在的漠視：「不是每個人都……嗎？」或「沒有人有辦法處理這件事。」適當的溫柔面質對於個案所陳述的困境，只需要在言詞當中加上「你」這個字加以回應，就是恰當的溫柔面質。例如：

個　案：在那種情況下很難進行思考。
諮商師：是的，我可以看到你曾經難以面對那種情況。

個　案：在大庭廣眾下說話很令人尷尬。
諮商師：我的確可以了解你的感覺有多尷尬。

你並不需要提高聲調或音量來強調「你」這個字。反而，如果你依照一般低調的方式運用「你」這個字，那麼整個句子聽起來會更有同理心。

將問題由「接受的事實」轉為「個案的信念」

這一點與先前的轉換有密切的關聯。不論如何，此刻的焦點

在於面質個案所暗示的漠視。「這個問題的狀況也就是事物如何存在的事實」，或者「這就是生活中無庸置疑的事實」。在你溫柔的面質當中，你把漠視交還給個案，將文字重新修正為**他相信了某些事物** —— 尤有甚者，可以說**他仍舊相信某些事物**。你只需要在回應的文句裡，找到適當的位置插入動詞「相信」，就可以輕易地達成目標。例如：

個　　案：狀況並不好 —— 人們就是不想和我有任何關聯。

諮商師：所以你相信人們不想和你有任何關聯。而我認為你因為相信了這點，所以感到不愉快。我的說法對嗎？

個　　案：我天生就是沒辦法拼好字。

諮商師：你相信自己天生沒辦法拼好字？

　　如同先前的狀況，你最好不要強調「相信」這個字眼。反而要在個案所強調的文字部分，同樣地加以強調；並且以低調與小聲的方式略過「相信」這個字眼，來回饋你的敘述。

把腳本模式由現在進行式轉為過去式

　　我已經在先前所有的案例中呈現過這種轉換。在因應「很難進行思考……」時，諮商師回答：「我可以看到**你曾經難以**……」（而**不是**「我看到你現在難以……」）。你可以在其他案例中確定相同的時態轉換。

　　在心理層面上，這種動詞時態的轉換，乃是具體認知了個案的腳本型態是源於歷史的過去這項事實。諮商的整體焦點在於協助他們察覺當下，而**不**受到腳本局限的束縛。我將在第 28 章就如何直接運用時態進行更多的討論。

178

　　藉由加上一個屬於個案童年的參考基準，便可以彰顯腳本型態由現在式到過去式的轉換。你也可以使用例如「回到當時的狀況」這樣的措辭，強調屬於過去的場景。例如：

個　案：這是同樣的問題——我似乎沒辦法結識新朋友。

諮商師：是的，我知道你過去曾有過困難。我敢打賭在你還是小孩時，做了一個選擇，決定不要結識不認識的人。或許，回到當時的狀況，那樣的決定是照顧自己很好的方法。

由「負向結果」重新建構為「正向意圖」

　　交流分析預設了立場，認為對於執行某些行為的個體而言，**所有這些行為都有其正向的意圖**（Stewart, 1989: 15-17）。這項概念隱含在交流分析「我好，你也好」的哲學態度，以及腳本可以選擇的概念上。腳本的問題並不在於它所代表的意圖，而事實上問題在於是它以過時與失能的策略來引導個案尋求正向意圖的落實。

　　在溫柔的面質當中，你可以表達你已經聽到個案對當下問題的關注，就腳本行為中的正向意圖給予回饋。例如：

個　案：我很難對夥伴表達我對他的要求。

諮商師：對我來說，你似乎已經發現了一種避免被他拒絕的方法，是嗎？

個　案：我會嘗試執行彼此同意的事項。

諮商師：喔，「嘗試」是確定讓自己不要加以實踐的好方法。恭喜你讓我不要催促你。

179

重新建構為正向的歷史意圖

溫柔的面質有種特別有效的技巧，它結合了我剛才所描述的第三與第四種方法。因此，在你對個案明顯的「回饋」中，你有系統地做了兩項工作：

1.　你將「負向的當下結果」重新建構為「正向的過去意圖」；
2.　你「回到過去」，就個案如此聰敏地落實那樣的正向意圖給予安撫。

我已經在上述的對話中舉例說明，並闡釋所謂「轉換當下回到過去」。在該案例當中，並未明白陳述，而是以暗示的方式指出過去的正向意圖。以下的對話則是運用一種更為明顯的技巧：

個　　案：我昨天在會議中坐了一整天，想要發言卻說不出口。

諮商師：我記得你告訴我，在你還是個小孩時，你的兄弟姊妹經常在你說話時，認為你愚蠢而叫你閉嘴。

個　　案：沒錯。

諮商師：因此你可能已經做了決定，認為最好什麼都不要說？

個　　案：是的，我想我已經做到了。

諮商師：嗯，我認為你真的很聰明，做了那樣的決定 —— 以當時的情況而言，（回到過去）避免受到傷害對你來說十分重要。

關鍵要點　● 你可以運用全面性的衝擊溫柔地面質。運用本章所提出的指引創造溫柔面質的方法。

CHAPTER 28 對於過去所歸屬的腳本保持洞察

本章會延續動詞時態運用的主題。不過這一次我的焦點不在於面質,而是安撫的時機。當個案說出對腳本的洞察時,你會對他說什麼呢?

我將會解釋你本能上想要就個案的洞察給予安撫的衝動,可能會讓你冒險安撫了個案的腳本信念本身。透過直接運用動詞時態,你可以避免這項危險,並且開啟一條通往腳本改變的治療性「出路」。

運用時態的指引

在選擇動詞時態上,你可以遵循以下三點指示:

- 把問題放在**過去**;
- 在**當下運用資源並採取行動**;
- 看到**未來的成果**。

這也就是另一種三項**時間架構**(time-frames)的實務運用(回顧第 2 章)。我將這項動詞時態的直接運用簡寫為**建立時間架構**(time-framing)。

把腳本拉到現在:一種漠視

我假定當有人運用動詞時態時「脫離了時間架構」,通常顯示他們正在**漠視**問題(回顧第 1 篇第 7 節)。一種常見與「時間

脫節」的案例就是當個案對腳本獲得洞察時，使用**現在式**來告訴你。想像以下的場景：諮商師與個案正在進行某項去污染的工作。也許他們已經回顧了個案的腳本矩陣或者**扭曲**系統。在他們談話時，個案對於自己的某種腳本模式有了「啊哈的經驗」（aha experience）：

個　　案：你知道的，我已經有些了解。因為我怕那會殺了我的母親，所以我不讓自己有價值地存在。

受到個案「已經了解了」的鼓舞，諮商師回饋他的洞察表示： 181

諮商師：因為你怕那會殺了你的母親，所以你不再讓自己有價值地存在！

在社交層面，諮商師只是安撫個案對自己腳本內容的正確洞察。但是在心理層面，卻有相當不同的事情正在進行。

心理層面的訊息在這裡經常並不「隱密」。諮商師與個案使用的文字，表面上的語意反而是正確的。心理層面的訊息明確地存在於其運用的動詞時態當中。

個案與諮商師都已經使用了現在式。個案**現在**並不否定自己的重要。**當下**的他不再相信這樣做會殺了自己的母親。的確，他的洞察與其**已經出現**在諸多情境的腳本模式有關。但是這些都是屬於過去的情境。

透過現在式動詞的運用，個案正暗示自己**在此時此地**涉入了腳本模式的信念與行為。然而事實上，他現在並非在執行該模式。因此，他需要**漠視**自己與該情境好讓自己做這番陳述。

諮商師在他這部分已經回應了同樣的漠視給予個案。於是他讓漠視沒有遭到面質。尤其是處於**兒童**自我狀態的個案，很可能將他的語文回應解讀成為對其漠視的一種「確認」。於是諮商師的

反應已經對治療造成反效果。雖然並非故意，但是他卻已經引發個案增強了自己的腳本。

運用現在式如何指出腳本信念

乍看之下，個案此時此刻的漠視微不足道。如果個案在談論自己的某種腳本型態時，不小心從過去「滑到」現在，問題果真關係重大嗎？

我相信它確實關係重大。因為在使用現在式當中，個案不僅是在進行一種「時間的滑動」，他也正在進行一項更為關鍵的事務：他隱含地聲明了自己的某項腳本信念。

為何如此呢？答案就在於現在式所反應的雙重意義。個案表示：「我**不讓自己**有價值地存在」。 一般說來，在一個人以現在式說話的時候，其實傳達兩種略微不同的意義。首先，它意指：「就在當下，我**不讓自己**有價值地存在」。那也就是意味我已經成功地吸引了別人的注意。

然而，現在式同樣也指出「當下與未來」。所以，當個案表示「我不讓自己有價值地存在」，他則是在暗示：「我現在不讓自己有價值地存在，將來也是如此」。

以下的陳述具備相同的意義：「**我是一個讓自己沒有價值地存在的人**」。同時，那也是個案對於自己的腳本信念。

諮商師使用現在式所做的文字回饋，已經不知不覺地「確認」了個案的**兒童**對自己的知覺，認為「有人不讓他自己有價值，而且將來也總是如此」。

因此，總而言之：

1. 如果個案運用**現在式**口述對自己腳本的洞察，他的陳述必然包含了漠視。（唯一例外的情況，只發生在個案於口述腳本型

態時，可以同時陳述他的洞察。）他也隱含地陳述了某項腳本
信念。

2. 如果諮商師同樣也使用**現在**式回應個案的陳述，那麼個案很
可能也會聽到處於**兒童**自我狀態的諮商師，同時「確認」了
個案的漠視與腳本信念。

運用時間架構面質漠視

　　你可以運用時間架構避免掉落陷阱，只需在回應個案時，改
變動詞的時態。我們在第 27 章已經見識過這種稱為「溫柔面質」
的轉換。你運用過去式，取代個案所使用的現在式。英語提供一
種特別有效的架構，有助於達成目標，你可以採用這種說法：「你
過去已經這麼做……（You have been doing ...）」。以下的對話可以
說明在運用時態的轉換之後，互動將會怎樣地進行：

個　　案：你知道的，我已經有些了解。因為我怕那會殺了我
　　　　　的母親，所以我不讓自己有價值地存在。

諮商師：因為你過去害怕那會殺了你的母親，所以你已經不
　　　　　再讓自己有價值地存在？

　　以上是時態轉換最溫柔的形式。如果要強烈地加以凸顯，你
可以如以下這樣表達：

諮商師：嗯，那是你過去的做法。那也是你過去的信念。

　　或者你可以實際地遵循時態轉換的方法，就像以下這樣：

諮商師：嗯，你過去已經不讓自己有價值地存在，直到現在依
　　　　　然如此！而且你果真相信自己已經殺死了母親 ——
　　　　　直到現在依然如此！

183

運用這些文字形式的任何一種，你傳遞訊息聲明已經找到個案的自我漠視，「那是我存在的方式，而且將來也總是如此。」

時間架構如何提供你一條治療的「出路」

這種時間架構的運用，不僅讓你可以面質個案的漠視，而且也可以在互動當中留給自己一條積極的「出路」。如果你進入了這條「出路」，也就完成了兩項工作：

1. 你把問題當作過去的事情。
2. 你轉移個案注意的焦點，使他專注於當下的資源，以及未來渴望的成果。

回顧我最初所提出的案例，其中諮商師**並未**運用時間架構，反而雙方都使用現在式。個案陳述某種腳本型態（「因為我怕那會殺了我的母親，所以我不讓自己有價值地存在。」）諮商師以相同的時態回應個案的說詞。在心理層面，當時雙方都已經就詮釋個案行為所做的腳本陳述，簡單地達成了共識。由這項觀點看來，對諮商師與個案而言，並沒有明確的「脫逃方法」，讓諮商師或個案得以跳脫這種互動模式。主題已經遭到封閉，雙方都需要新的思考，才可能引發新的對話。

現在採用時間架構，將問題擺放在過去的時間範疇，你可以比較互動將有何不同（「因為你過去害怕那會殺了你的母親，所以你已經不再讓自己有價值地存在？」）透過將腳本模式轉換為過去式，你可以在心理層面詢問個案一個暗示性的問題：「所以**現在**呢？」

只要你願意，也可以把這項問題訴諸文字語言。你可以在已經表達的話語當中，天衣無縫地釋出訊息：

個　案：你知道的，我已經有些了解。因為我怕那會殺了我
　　　　的母親，所以我不讓自己有價值地存在。

諮商師：因為你過去害怕那會殺了你的母親，所以你已經不
　　　　再讓自己有價值地存在？

個　案：是的。

諮商師：所以，你仍然相信你可以藉由讓自己有價值地存在
　　　　殺死了你的母親？

個　案：〔笑〕不，當然不會。

諮商師：好的，你要繼續下去，不讓自己有價值地存在嗎？　184

　　在你初步介入的動作當中，你將腳本型態架構在過去的時間
範疇內。藉由你當時所詢問的問題，先行導引個案的注意力，令
其專注於當下的現實，然後邀請他探索未來可能的結果。

　　有時候你甚至不需要說出後續這些問題。個案可能就會自動
自發地進行時態的轉換，並做出腳本的改變。就好像某場我帶領
的週末「馬拉松團體」中的案例：蘇珊。她的契約是要在團體中
表達憤怒，但是她都還沒有做到。她已經有了一項洞察：

蘇　珊：我已經了解，我的做法是要把內心的憤怒嚼碎，然
　　　　後往肚子裡吞，不要讓它表現出來。

艾　恩：喔喔！至少到現在為止，嚼碎後往肚子裡吞，的確
　　　　是你**已經**在做的事情。

蘇　珊：〔滿臉通紅：跳起來衝到治療室的另一邊，對我大
　　　　聲叫囂〕喂！你他媽的，艾恩，你可以住手嗎！不

要把血腥的話放到我的嘴巴裡。〔團體成員忍不住大笑，並且鼓掌叫好。〕

> **關鍵要點**
>
> - 當個案使用現在式，說明對他自己腳本的洞察，請運用過去式的動詞時態加以回饋。
> - 你可以藉由「時間架構」的方法，面質個案所暗示的漠視「這就是我現在以及將來經常會有的狀態」。你也同時留給自己一條優雅的治療性出路。

CHAPTER

29 處理頭腦裡的聲音

　　Eric Berne 的最後一本著作 *What Do You Say After You Say Hello?* 其中有一個段落，標題為「頭腦裡的聲音」（Berne, 1972: 368-71）。Berne 當時陳述他對「內在對話」的看法，認為它並非只是一種隱喻（metaphor）。它是真實的，明確地說來就是我們所有人都會在頭腦裡聽到對話的聲音。

　　我在本章描述一種稱為**聲音轉換**的技巧，它使你得以進入個案內在對話的實境。你邀請個案為這些在他的頭腦裡持續對話的聲音負責。只要能這麼做，他通常可以脫離腳本而達到重大與永久性的變化。

　　這項技術對於化解**癥結**特別有效（回顧第 1 篇第 6 節）。個人改變的過程會處在一些「卡住的地方」，你經常會發現個人的內在聲音已經形成一種持續的爭執狀態，永無寧日並且沒有贏家。有種處理這情況的傳統方法就是運用「雙椅工作」（two-chair work）。其中個案想像並將內在圖像的兩方放映在椅墊上，然後要求彼此「對話」，目的在於化解彼此的爭執。「聲音轉換」技術則是另一種技術，可以替代這種千錘百鍊的再決定歷程。根據我的經驗，「聲音轉換」經常比「雙椅工作」更快發揮作用。它同樣帶給腳本持久性的改變。

185

內在對話既真實又虛幻

　　在進入技術的細節之前，我相信清楚了解該概念的基礎很重要。這將開啟內在對話既真實又虛幻的悖論。

🌸 內在對話如何地「真實」？

　　Eric Berne（1972: 368-71）過去已經強調內在對話的「真實性」。我們所有的人都持續地而且以語言的形式，聽到頭腦當中對話的聲音。絕大部分的時間裡，我們讓這些聲音脫離我們的覺察範圍。然而，只要我們往內在聆聽，便可以在任何想要的時刻，把這些聲音帶入覺察當中。

　　如果對此有所疑慮，你可以做一項簡單的試驗。要如何進行呢？首先，請你閱讀以下的指導語，接著把書放下來，然後進行這項練習。

　　停止閱讀。只讓自己聆聽任何可以聽到的外界聲音。你現在覺察到哪些是剛才還在閱讀時未覺察到的聲音呢？房間外的車聲或是鳥叫聲？還是你自己呼吸的聲音呢？

　　現在，運用相同的方式，引導你的注意力，專注於自己的內在。聆聽腦袋裡任何可以聽到的**內在之聲**。不要企圖讓任何事情發生；只需聆聽。你現在聽到哪些過去未曾察覺的內在之聲？你有聽到聲音嗎？如果有，那麼它們都說些什麼呢？你認得這些聲音嗎？

　　如果你給自己一點時間聆聽你的內心，你肯定可以聽到頭腦裡一種或者許多的聲音。你並不是「想像」出這些聲音；你聽

到它們，一如你從本身外界聽到的其他聲音一樣。以這個觀點而言，內在聲音確實是「真實的」。

內在對話如何地「虛幻」？

以另一種觀點來說，內在聲音並非「真實」這一點倒是不辯自明。就語意層面而言，我的父母親、兄弟姊妹，或我自己的兒童版，並沒有坐在我的腦袋裡彼此交談。

因此，內在對話是「虛幻的」，內在對話中「說話」的內在形象是個體自己的建構。它們並非居住在外在實體世界，活生生的人物。例如，內在對自己說話的「母親」並不是真實的母親。她是我自己創造的形象，而且她的「聲音」也是我自己創造的聲音。

悖論

我們因此造就了以下弔詭的悖論：內在對話既真實又虛幻。我相信重點是要在諮商實務中，了解這項明顯矛盾的雙重意義。這意味你要保持在覺醒的狀態，察覺內在對話的真實與虛幻。

許多運用在交流分析（完形也一樣）的治療技術，刻意傳遞內在形象**實際存在**的隱喻（比較 Berne, 1961: 259）。對傳統的「雙椅工作」而言，的確如此。至於「聲音轉換」（參考以下敘述），以及任何其他將個案內在對話外化的方法而言，也同樣正確無誤。為了全然一致地促成這項工作的進行，你需要正確地「進入這種隱喻」來面對個案。就你而言，當個案正與腦袋中的「母親」對話時，其中說話的人**就是**他的母親。他聽到的聲音**就是**他母親的聲音。

　　然而你必須在心智狀態的另一個部分，持續覺察其中的內在形象並**不屬於**現實。個案製造了「母親」的聲音，**並非**真的是個案母親的聲音。而是個案自己在為「母親」的形象代言，他創造了這個「母親」的形象，並且保留在他的頭腦當中。

　　實務的風險在於你可能會忘記第二部分這種心智平衡的行動。很容易會因為過於熱中此項工作，使得隱喻超越了現實。於是，你和個案都開始全然地相信這個內在形象是一種客觀存在的現實。

　　果真如此，你會失去許多的效能。只要你確實相信個案的母親真的就在那裡，你們兩個人聽到的也真的是母親的聲音 —— 因此，你們全部或是個案本身可以做的當然就是聆聽母親的表達，或者與她進行協商。你經常只是繼續坐在那裡，聽她老調重談過去的種種。要說服她相信新事物可能會是個漫長與艱辛的掙扎過程。

　　相反地，當你牢記「母親」並非真實，你與個案會發現哪些新的機會呢？「母親的聲音」只不過是個案自己創造的聲音嗎？

　　一個有趣的發現是，聲音終究不是「來自於過去的聲音」。也不可能是如此，因為過去的人物現在並不存在。事實上，她可能已經過世多年。因此，每次個案在腦袋裡聽到「她的聲音」，事實上是**他自己**製造出來的聲音。確實，他可能讓這個聲音述說過去曾聽母親談過的事情。但是並非製造過去的聲音；而是在當下製造現在的聲音。

　　除此之外，由於母親並不是真的存在他的腦袋當中，因此可以了解是個案自己**選擇**了製造「她的聲音」。於是，他必定具有某些製造它的動機。這點引發了某些有趣的問題，例如：如果「母親的聲音」不斷責備個案或者尖聲辱罵他，他為何會選擇持續製造一個述說如此污穢事物的內在聲音呢？

187

綜合摘要

當你正在運用表達內在對話的任何技巧時，千萬要牢記以下四項重點：

1. 個案在他的頭腦中聽到的聲音是「真實的」，他真的在腦袋裡聽到這些聲音。
2. 然而，他並沒有自己「真正的」父母或兒童的角色，在腦袋裡坐在身邊跟他講話。
3. 他聽到的聲音是他在當下的瞬間所製造的。是他把聲音放在那裡。可以決定是否繼續把它留在那裡的人，就是他自己。
4. 因為是他製造了聲音，因此他可以控制它們。如果他不喜歡它們說的某些事情，他可以要它們說不一樣的事情。

188

聲音轉換

取自神經語言程式（NLP）的「聲音轉換」技巧（例如：Bandler, 1985: 69-80）。這個程序可以區分為兩個部分，並且天衣無縫地相互轉換。每個部分都可以交替地單獨運用。

在第一個部分，你邀請個案仔細地注意內在聲音的**構成特徵**──位置、音色、音量等等。當他具體指出這些特徵時，你就邀請他一個接一個地改變它們。在每次改變時，你要求他說明對聲音的新特質有何情緒反應。目的是要他最終可以改造這個聲音，不再以扭曲感覺的方式來感受它。當他對這個聲音的情緒反應，變成平靜、不在乎，或是沒有扭曲的快樂，便完成了練習的第一個部分。

案例

　　在某個團體治療時段中，莫理斯簽訂了一份整體性契約，希望可以放棄兒童時期選擇的過時決定 ——「我不重要」，重新再做決定。為了要標明這項改變，他已經簽訂了會談內（in-session）的契約，要站在其他的團體成員面前自吹自擂一番。但是到了要他這麼做的時候，他卻已經感到尷尬並且舌頭打結。這段過程如下所示：

艾　恩：莫理斯，我對此刻的你感到好奇，在你的腦袋裡是否可以聽到任何人對你說了任何的事呢？

莫理斯：〔聆聽〕是的。有個聲音說：「你永遠不會把事情做好。你就只會出盡洋相。」

艾　恩：嗯哼。我在想，花點時間跟那個聲音玩一會兒，對你可能會有幫助 —— 把它轉移到不同的地方，以不同的方法加以聆聽。你願意花點時間這麼做嗎？〔要求運用這項技術的單次會談契約〕

莫理斯：是的，好。〔接受了契約。〕

艾　恩：好的。所以，你會再次聆聽那個聲音，然後告訴我：它正從哪裡傳來嗎？

莫理斯：在我的腦袋裡。

艾　恩：在腦袋的哪裡？例如，在中心位置，靠近後面，或者在什麼地方呢？

莫理斯：〔聆聽〕它在兩個耳朵之間，大概在這裡〔指著接近腦袋後的一點〕。

189

艾　恩：那裡，沒錯〔擺出跟他一樣的手勢〕。好的，所以現在，我好奇的是這個聲音聽起來像什麼。你願意做角色扮演，把它演出來嗎？

莫理斯：好啊……〔粗暴的、斷續的、大聲的、低沉的〕「你就只會出盡洋相。」

艾　恩：啊哈，原來它聽起來像這樣。所以，現在 —— 你願意嘗試讓這個聲音安靜一點嗎？讓它述說相同的事情，但是小聲一點。你現在對這個聲音的感覺如何？

莫理斯：〔聆聽〕嗯，沒有太大的差別。

艾　恩：OK，很好，把它恢復原來的音量。你現在把它放到不同的地方好嗎？但不是在你的腦袋裡。你想要把它放在哪裡呢？

莫理斯：〔微笑〕我要試試看我的左手肘。〔大笑〕聲音從那裡發出，聽起來有點愚蠢。

艾　恩：好的！OK，現在你要試驗一些別的地方嗎？在你還是個小孩的時候，最喜歡哪位卡通人物？像是米老鼠，或者其他什麼人物呢。

〔莫理斯點頭〕

艾　恩：是誰呢？

莫理斯：伍迪啄木鳥。

艾　恩：OK，所以現在讓聲音繼續述說相同的事情，然後繼續聆聽從你的左手肘發出來的聲音，但是此刻只要

改變音調，讓它聽起來像伍迪啄木鳥的聲音，你願意嗎？

莫理斯：〔聆聽，然後忍不住大笑〕喔，耶！那樣聽起來真蠢！〔用伍迪啄木鳥呱呱呱的聲音〕：「你永遠不會把事情做好！你就只會出盡洋相。」

艾　恩：OK，好！莫理斯，你願意接受有關這點的一項任務嗎？那就是每當你開始聽到聲音在說「你永遠不會把事情做好」的時候，你就讓它繼續說，但是要讓它從你的左手肘，用類似伍迪啄木鳥的聲音來說，好嗎？

莫理斯：〔仍然大笑〕好的，沒問題。

　　然後很快地莫理斯繼續完成他的契約，在團體的面前自吹自擂一番。

🍁 小心：在轉換聲音之前做好保護措施

　　雖然這項技術快速、簡單，並經常具有幽默感，但是並不意味個案因此正在脫離部分的腳本。因此，一如任何其他瓦解腳本的歷程，你必須**事先**確定已經為個案做好保護措施（回顧第 2 篇第 11 節的「三個 P」）。在這個案例中，莫理斯正在破除得自於他父親的反禁令：「要做好每件事情」（要完美）。假設並未做好適當的保護措施，可能會讓他暴露在正腳本（script proper）某些更具破壞性的成分中，特別是從母親那裡接收的禁令「不要存在」。不論如何，我知道在我要求莫理斯進行這項工作之前，他已經安全地封閉了逃生艙。因此所需的保護已經安排妥當。

190

發掘正向的意圖

　　一旦個案已經滿意地把聲音放在某處，並且讓它聽起來像自己想要的聲音，你就可以繼續進行工作，邀請他詢問這個聲音對他有何**正向的意圖**。這又是源自於交流分析與神經語言程式一般性的假設：所有行為對個案都具有正向的意圖。請注意，你並非要求個案分析源自於成人聲音的正向意圖。你邀請他詢問聲音本身，然後等候了解它的回答。

　　你的任務在於聆聽個案說明聲音告訴了他哪些的正向意圖。針對每項正向意圖的陳述，詢問個案是否滿意這些聲音的正向意圖。你自己也要根據你對個案腳本的認知進行核對，判斷所陳述的意圖聽起來是屬於自主性質或者是腳本性質，並且據此回饋個案。

　　如果個案並不滿意，或者陳述的正向意圖聽起來仍有腳本的性質，你就邀請個案詢問這聲音另一個問題：「你具有的正向意圖還想為我做些什麼呢？」

　　如果需要的話，這項程序可以重複多次，直到聲音所陳述的正向意圖不僅具有自主性，也令個案滿意。即便只具有最根本的特性，也將**總會**有以下的意圖：維護個案的生存。

🍇 案例

　　在稍後的晤談時間當中，莫理斯繼續探詢有關他內在聲音的正向意圖。他表示該聲音最初的回應是「讓你不要變得愛現」。

　　在不滿意這種意圖之下，莫理斯再度詢問該聲音，它的正向意圖想要為他做些什麼。聲音告訴他「讓你不要被取笑」。此刻，莫理斯已經了解，身為一個成人，有時候會被取笑，但還是可

191 以對自己感到 OK〔這是去混淆（deconfusion）本身關鍵的一部
分〕。藉由把這點告訴聲音，莫理斯再度要求聲音給他不要被取笑
的正向意圖。

　　該聲音回答：「我期待有人喜歡跟你在一起，不要拒絕你。」
於是莫理斯與該聲音達成了共識，認同了這項意圖。在我的邀請
下，他感謝聲音對他的照顧。他繼續與聲音協調某些其他更具成
長性的方法，來成就其良善的意圖。

關鍵要點

- 要了解「頭腦中的聲音」對個體而言的確真實，但也是個體自己所創造的。個案製造了自己所聽到的內在之聲。如果不喜歡它們所說的內容，他可以要求它們說些別的。
- 透過引導個體轉換內在之聲，你可以促使他們顯著並且永久地更改腳本。

CHAPTER 30 如果你分裂了人,請將他們復合

　　我在最後這一章,對你有項重要的建議,提醒你要對引導個案分裂的這件事保持覺察。

　　在你引導個案「分裂自我」成為許多「部分」的時候,你需要依照具有清楚治療目標的契約來執行。最重要的是,你得確保在會談結束前讓他們復合。

分裂是交流分析必要的過程

　　謹慎地對人進行「分裂」是交流分析常用的工具之一。父母一成人一兒童的結構模型,即使是在第一層分析的版本中,就包含一種三向的分裂(回顧第1篇第1節)。如果你進行第二層與第三層的分析,你可以發現至少具有十五個單元的多向分裂。

　　而且,分裂不僅僅是理論上的議題。在交流分析諮商當中,你依照慣例,以分裂為三個或更多部分的眼光來看待個案,對他說話並採取行動。Eric Berne 本人曾經這樣寫道:「一定要以字面的意義來了解三向的分裂。它就好像每位病人都由三個不同的人所組成。治療師得以這種方式進行觀察,才可能做好準備,有效地運用這套系統。」(Berne,1961: 259)

交流分析技術中謹慎與內隱性的分裂

　　我相信交流分析實務工作者擁有兩種不同的方法,可以邀請個案分裂他們自己。其中的一種分裂是謹慎並且外顯的,例如

192

「雙椅工作」（Goulding & Goulding, 1979: 44-9）或「多椅工作」（multi-chair work）（Stuntz, 1973）。

另外，實務工作者可能透過語言這項工具，以更為精緻的做法引導個案分裂。第二種方法掌握起來較為棘手，因為治療者本身並不能確定是否可以全然覺察這種以語言為基礎的分裂。

我個人偏好使用第一種分裂的方法，在契約下明顯地執行。我避免使用「分裂性語言」。我也會在本章描述這些選擇。

重新結合分裂後的成分在治療上的重要性

引導人們在分裂了自我之後「復合」，對你而言為何重要呢？所謂的「分裂」終究只是一種隱喻。個案實際上並不會一個人分為三塊地走出你的諮商室。

這個問題的某個答案在於人類共同的價值判斷。也就是「成為整體」的內在比「成為分裂」來得好。我的意思是指這些詞彙不過是一種個人信仰，並不是一種物理上的現實。

然而，我相信重新整合有一種更為迫切的實務理由，那就是：即使交流分析所運用的這種分裂過程屬於隱喻的性質，處於兒童自我狀態的個體也會把隱喻視為現實。事實上在交流分析中，你採取的大部分治療性行動，都是企圖引導與運用這項兒童的信念。分裂的隱喻在心理層面的溝通是「真實的」。而且，一如 Eric Berne 所強調，就是在這個層面，決定交流在行為層面的結果。

193 綜合來說：如果你成功地邀請個案分裂自己，他們將經驗自己分裂後的不同部分，並且會表現出分裂的模樣。這也正是你希望他們做的事 —— 在諮商室有效控制與安全的環境設施下。但是，對他們而言，踏出了治療環境仍然表現與感覺得像分裂一

般，並不是個好主意。為了避免這一點，你需要確定在個案離開
之前，促使個案自己復合在一起。

在謹慎的分裂過程之後重新整合

在進行雙椅或多椅工作的時候，分裂是這種技術的外顯元
素。你引導個案分裂，例如成為**成人**或**兒童**自我狀態，並想像將
父母或兒童「放在」另一張椅子上。你要求他們實體上由一張椅
子移動到另外一張，並且引導一項「對話」。當個體的另一個「部
分」坐在另一張椅子上的時候，你便與個案一同進入了象徵與隱
喻的世界。

因此，引導個案重新整合的技術也遵循相同的模式。在工作
結束之前，你仍然在象徵與隱喻當中，要求個案採取行動將分裂
開來的「一部分」裝回去，與他們「剩下的部分」擺放在一起。

這些技術的細節，運用在分裂的父母自我狀態與分裂的**兒童**
自我狀態時，分別有所差異。這是因為這兩類的自我狀態具有不
同的特質。**父母**自我狀態是源自於個案過去經驗中**另一個人**的回
音；相對地，雖然也是屬於過去，但是**兒童**自我狀態則是**個案他
自己**本身的不同面向。於是有了以下兩項指導方針：

1. 為了重新整合父母，你要求個案拿掉投射在椅子或者椅墊上
   的形象。
2. 為了重新整合**兒童**，你要求他以某種方式把自己的一部分放
   回自己。

不論在哪一種情況，引導個案重新整合最有效的方法就是要
求個案執行一項**積極的象徵性行動**（George Thomson，工作坊演
說）。

🌸 重新整合父母自我狀態

假如個案已經對坐在另一張椅子上的「父親」說話，對話似乎即將結束，然後你試著說：「有任何其他想說的話嗎？」如果個案肯定表示他已經說完，你可以給他一項指示，例如：「好的，所以現在你準備好，要把爸爸從椅墊上移開嗎？還有，當你已經完成時，你可以把椅墊翻過來，表示你已經把他移開，好嗎？」如果你們用的是椅子，你可以要求個案以相同的方式把椅子轉方向（或者倒過來放）。

有時候個案會拒絕把父母移離開椅墊。另外的方式是讓這個想像而來的父母形象自動地移到會談室的另一個位置。盡可能地不要在那裡中斷了工作。有種開玩笑的方式，仍然是運用象徵與隱喻的方式，通常很有效：「嗨，我不要你媽媽繼續坐在我的工作室裡。如果我讓這種狀況在每個人身上發生，這個地方就會擠滿許多的媽媽！所以，來吧，你要做什麼讓她離開這裡呢？」

即使你做了多方的引導，所投射的影像在會談結束時，仍可能在你的諮商室裡「遊蕩」。果真如此，你必須做好個案記錄，並盡快在下次會談時回頭來做處理。你的目標是要確定個案象徵地，但卻也是積極地清除了這個投射的形象。否則在心理層面，處於**兒童**自我狀態的個案，在接下來的諮商會談中，將表現得好像**母親**或**父親**就坐在這個諮商室裡頭。

🌸 重新整合兒童自我狀態

假如個案即將結束與某個**兒童**自我狀態的對話，那麼你需要找到一種方法，讓個案將投射出來的部分自我移回給他自己。最好這個歷程可以包含看、聽，以及動作。例如：「所以，現在你已經暫時完成與小珍的對話，你現在願意注視在另外一個椅墊上的

她嗎？……你願意感謝她這一次的陪伴，還有聽她對你做些回饋嗎？……還有，現在你願意以自己的步調牽起坐在另一張椅墊上的小珍，你願意讓她更靠近你嗎？……然後現在就把她帶回給你自己呢？」

不管是在工作結束時，或者期間任何一個時刻，個案可能拒絕把這個**兒童**的「部分」找回來跟他自己合在一起。的確，他可能表達對另外這個「部分」的恨意，並且聲稱要「擺脫它」。通常這種情況特別會發生在**第三類瘲結**的對話中。

你不應該在那裡就結束了工作。在這種情況下，採取指導性的態度是恰當的。你只需要告訴個案事實 —— 換句話說，她的提議是不可能的：「茱蒂，你不可能『擺脫』自己那個較年輕的部分」。那是你自己的一個部分，而且她總是如影隨形地在你身邊。所以你現在願意把她帶回到椅墊上嗎？

你可以據此要求個案與她分裂出來的**兒童**「部分」進行協商。個案不僅擺脫不想要的**兒童**「部分」，也可以要求她想要的。接著，**兒童**的這部分可以告訴個案她對自己長大之後的自我有何善良的意圖。

同樣地，如果在個案答應進行重新整合之前便結束了會談，你就得做好個案記錄，並在下次會談時回到這個主題。

運用引導分裂的語言

以下是從交流分析諮商會談錄音中擷取的三段對話。在一小段「空椅工作」當中，並沒有任何事情發生。它們只構成了諮商師與個案間持續的對話。

1. 諮商師：我認為你的**兒童**剛才非常生氣 —— 是嗎？
   個　案：是的，他火大了。

195

2.　諮商師：關於這點，你的父母對你說些什麼呢？

　　個　案：哦，他說：「你一定要把這件事做好！」

3.　諮商師：你知道嗎，我認為這個房間裡面有許多受到驚嚇的
　　　　　　小孩。

　　個　案：是的，我現在差不多才七歲。

當諮商師使用這樣的語言，就是在邀請個案「分裂他自己」，彷彿正把自己的「許多部分」放在兩張椅墊上。在最初的兩位案例中，諮商師運用語言假設個案單獨的一個「部分」——分別包括一個**兒童**與一個**父母**——可以分別存在。個案藉由使用第三人稱「他」或者「她」，指涉「自己的其他部分」認同這樣的分裂。

第三位案例所運用的語言，假設個案自己**是**一個小孩。因為它「是」一個「存在彼時彼地」的**兒童**自我狀態，意味著個案所有的其他「部分」必定在其他的地方。

避免「分裂性語言」

在交流分析的工作中，這種「分裂性語言」並非必要。我傾向於避免使用，而且我會建議你也避免運用。當我要個案分裂時，我會使用外顯的分裂方法，例如雙椅技巧，這種方法的分裂可以即時看到，清楚地逆轉（reversible），並在契約下進行。

「分裂性語言」是一種強而有力的方法，可以有效引導個案分裂他自己。然而，因為這不是一種正式與外顯的方法，諮商師很容易無法有效追蹤他所引導的分裂。他甚至可能無法覺察自己引導個案所做的分裂。於是，諮商師容易在尚未簽訂一份執行契約之前，就引導個案分裂自己。個案最壞的狀況就是被一塊一塊地「拆解開來」，然後象徵性地四處散落在諮商室的地上。

196

　　你如何避免不知不覺地運用了「分裂性語言」，又在什麼時候不該用它呢？不管他當時表現出何種自我狀態，重點是要小心地以「你」稱呼個案。你可以避免使用諸如「你的小孩」、「你的父母」這類的語言。你也可以克制自己，避免使用假設個案是個小孩的語言。

> **關鍵要點**
> - 當你透過治療程序謹慎地邀請個案「分裂」他自己的時候，請確實在會談結束前引導他把分裂的「部分」安裝回去。
> - 請覺察與個案互動當中任何的「分裂性語言」。要不就在清楚的治療意圖與契約下運用這種語言，要不就都不要使用。

交流分析
諮商能力發展

後記

活在治療關係中

　　以上就是如何有效運用交流分析的三十項實務建議。我或多或少參考你會在治療中採用的順序排列這些章節。

　　當你讀完這三十章之後，或許會好奇：「有沒有某些共同的原則與想法，可以令人滿意地整合這些實務建議？」「我相信是有的，而且我準備在後記中加以說明。」那就是*治療關係*。

　　我認為，建立治療關係的主要原則就在於交流分析的哲學性假設：「人是 OK 的」。你可以遵循*尋找正向意圖*的原則，實際操作這項哲學價值 —— 並可在臨床實務上加以實踐。我已經透過直接或隱喻的方式，在這三十章所描述的技術與態度當中鋪陳了這項原則。

預設治療關係

　　你會有點驚訝地發現，我想要在治療關係中發掘「放諸四海皆準的共同原則」。截至目前為止，我在整本書中只提過一次。尤其，那次所涉及的乃是一項告誡。我在第 2 篇第 10 節曾經表示：交流分析實務工作者不認為「諮商關係本身必然會帶來期待中的改變」。

在這篇後記中，我仍支持先前的這項陳述。然而，我也相信治療關係是一種基質（matrix），可以「支撐」（holds）全部有效的治療性介入與計畫。如果缺乏治療關係，只能期待個體意外地獲得改變。

我抱持這項觀點，追蹤了 Eric Berne 所提出的範例。他同樣也曾提出告誡，反對人類可以「被愛治癒」這樣的假設（Berne,1966: 63）。在 Berne 的著作當中，治療關係的問題很少被198明白地指出。然而對我來說，根據我對其言行的了解，Berne 並未漠視治療關係。反而，他認為治療關係是有效治療不可或缺的**前提**。他只是把治療關係視為理所當然，並假設讀者也抱持同樣的看法。

🍁 本篇後記的規劃

與前面三十章不同，這篇後記的意圖並不是要作為標準化的實務建議。相反地，只是我個人一系列的回饋。它們有些部分在我心裡已經相當清楚與明白，有些則還在成形的過程當中。我把我的想法提出來，我了解你的想法可能不一樣，我希望你會認為這些概念可以有效作為深入思考的踏板。

我個人的初衷是：我相信治療關係並非「你擁有的什麼東西」，也不是「你做的什麼事情」，而是你的**一種生活方式**。

事實上，甚至「治療關係」這個名詞，在語意上也會造成某些誤導。我們談論的並不是一件**事情**，而是一項**歷程**。因此，不以名詞而是動詞來看待它會比較合理。為了擁有治療關係，你需要以治療的角度建立關係。

　　而且，這將引導出一個有趣的問題：你要怎麼做呢？如果你想讓自己的關係具有治療性，你要如何過生活呢？

　　一如我先前的說明，我相信答案就在交流分析的第一項哲學性原則當中：「人是 OK 的」。現在的我則認為「個體的良善」（personal OKness）不只是一種道德或神秘主義的訓誡，而是一種可以具體描述的生活風格。它是一種可透過一個人對另一個人的教導所學得的方法，而且可以有系統地加以實踐。有關「方法」的本質，我的建議就在於尋找正向意圖的這項原則。

　　然而，首先我要探討支撐的基質，也就是治療關係的角色，其中將有上述這項原則的運用。「存在於關係當中」與「具有治療性」兩者之間有何關聯呢？

「在關係中的治療」這個難解的謎題

　　關於諮商有件事毋庸置疑，也就是：**你不可能無視於關係的存在。**事實上，就在你與另一個人同坐在某個房間裡的時候，你就是在形成關係。如果你給予他溫暖與同理，並花費一個小時親密地聆聽他的故事，你也就是在形成彼此的關係。如果你徵詢**歷程模型**裡心智的「抬頭顯示器」，並以半秒鐘的精確程度開啟個案接觸的通道，你就是在形成關係。即使你與那個人即將目不相視，並且沉默地面壁一個小時，你仍然是在形成關係。

　　有另一個關於形成關係的建議，我認為它也一樣是毋庸置疑的道理，那就是：**並非所有的關係形成都具有治療性質。**這只不過是運用另一種方式，表達我在第 2 篇所做的陳述：「諮商關係」本身並不必然帶來期待中的改變。

199

　　當然，這點倒是違背了許多諮商師深信不疑的一個信念：也就是，諮商師與個案的關係是治癒的唯一途徑。Lapworth（1995）簡潔地陳述了這個信念，當時他表示：「關係*就是*心理治療」。[1]

　　雖然我尊重這個信念誠懇的性質，但是我並不相信它禁得起事實的考驗。假如我試著要說「關係就是治療」，對我來說，就會讓我們走進一個邏輯的迷思，使得這項陳述無法面對司法的審判。這個邏輯的迷思如下所示：

　　讓我們由以下的主張開始來探討：「治療*只*存在於關係之中」，或者「關係*就是*治療」。這就等於是肯定了「治療與關係是同一件事情」。我們可以運用邏輯的象徵符號，以三橫線的「等同」符號記錄這項主張，如：「治療≡關係」（讀作「治療等同於關係」）。

　　到目前為止狀況還好，不多不少就是在我們開始的時候所做的主張。然而就邏輯而言，總是可以採用相反的文字順序再做一次等同的陳述。如果 $x \equiv y$，那麼必然也會 $y \equiv x$。於是一旦我們決定表示「治療≡關係」，邏輯上我們也一定可以表示「關係≡治療」。如果以比較輕鬆的文句閱讀後面的陳述，我們可以說：「關係等同於治療。」或者，仍可以換句話說：「所有的關係都具有治療性質。」

　　我們就在這裡開始陷入麻煩。一旦任何人指出「治療純然仰賴於關係」，根據邏輯的意義，它們也必然指示「所有的關係都具有治療性質」。就我的理解而言，後者所陳述的內容顯然毫無意

1　Phil Lapworth 是一位交流分析師。然而，我仍堅持我在第 2 篇中所做的一般性陳述，也就是：交流分析實務工作者不單只仰賴關係來治癒個案，而是需要運用契約的方法、系統性的診斷，以及正確定向的治療計畫。事實上 Phil Lapworth 的論文卓越地示範了這三種歷程（Lapworth, 1995）。

義。撇開其他的事不談，如果所有的關係真的都具有治療性質，那麼一開始就沒有人需要接受諮商或心理治療了。

雙向排除條款

我相信「形成關係」與「具有治療性」之間的關聯性相當複雜，而且標準也沒那麼寬鬆，應該超越單純一對一的等同關係。而是具備一種「雙向排除條款」的形式。也就是說，既不是單純的關係，也不單是諮商師的技巧，就可以一致地促成有效的改變。某項因素都有可能否定掉另一項因素，為了要避免這種彼此間的排擠，每項因素都需要互相支持。追根究底來說，首先，不論諮商關係的品質有多好，也不會就此一致地促成所期待的改變，除非獲得諮商師這方面適當的技巧與治療計畫的輔助。此外，不論諮商師的技巧與治療計畫多麼純熟老練，除非獲得諮商關係品質上支持，也才可能促成所期待的改變。

這點提醒了我們有關 Eric Berne 所指出的「溝通的第三項規則」，亦即：交流的行為結局總是取決於心理層面所溝通的內容。技術與治療計畫會在諮商關係的社會層面做表達，關係的品質主要則會存在於心理層面，這是最常見的狀況。

尋找正向意圖

因此，讓我們回到這個問題：假設並非所有的關係都具有治療性，那麼你需要提升關係中哪方面的品質，讓它成為一種治療關係呢？或者，以另一種方式詢問這個問題：如果你想要形成治療性關係，那麼要怎麼做呢？我建議的答案就在於**尋找正向意圖**。

在本書先前的許多章節當中，我已經提到「尋找正向意圖」
的原則，當時似乎把它當作特殊技術的成分。你可以回顧第 29 章
的內容，回想莫理斯如何詢問腦袋裡的聲音：「你具有的正向意圖
還想為我做些什麼呢？」每當聲音回應一項意圖，如果莫理斯並
未認同為正向的性質，他便再度詢問這個聲音：「你具有的正向意
圖還想為我做些什麼呢？」在經歷幾回合的問答之後，莫理斯終
於接受聲音所聲稱的意圖屬於正向性質，並且給予認同。我曾指
出，即使如「保護你的生命」或「讓你成為別人所愛」等高度概
括性的目標，**總是會有這樣的意圖**。

在第 27 章探討「溫柔的面質」時，我描述在此時此地針對
失功能的性質進行面質時，如何安撫個案行為當中的善意。在該
章，我也曾提過交流分析的某項基本假設：不論個案當時為成就
其正向意圖所採取的方法有什麼問題，**所有的行為、思考與情感
都有其正向意圖**。我認為這點也表現在交流分析的哲學觀點「我
好，你也好」，以及腳本具有「選擇性」（decisional）的主張當
中。個體的早期決定總是具有維護生存與滿足需求的企圖，並以
幼年兒童的能力所想出的辦法，作為達成企圖的最佳策略。正向
意圖在成年時期仍然存在；唯一的問題在於方法已經過時。

我現在所要建議的是，你可以不只把「尋找正向意圖」的方
法當作一種特殊的技術，而且也可以作為持續並積極用來與個案
形成關係的一般性原則。實際上，我目前不只與個案，而是在與
每個人形成關係時，便是以這項原則作為出發點。那也就是我稍
早所謂「治療關係是一種生活方式」的意義。確實，你與諮商室
外的人形成關係的方式，並非本書正式的議題。然而，我發現使
用「尋找正向意圖」這項原則，使得與人形成關係這件事變得愉
快簡單，因此在你樂意接受的情況下，我願意將這個觀念傳遞出
去。

🍂 讓良善得以實踐

如我所言，我相信「尋找正向意圖」是一種方法，可以執行交流分析的原則：「人是 OK 的」。這個眾所皆知的詞彙，一如它的立場，只傳遞一個抽象的哲學觀點。它是一種「本質上的陳述，而非關於行為」（Stewart & Joines, 1987: 6）。這在一般的狀況都還沒什麼問題，除非你問自己：「所以，如果要把這項哲學觀點付諸實踐，我該怎麼**做**才好呢？」

至今，交流分析的文獻內容仍缺乏對這個問題的回答。有些從事交流分析的人已經不安地感覺到，它可能一味地專注於那些看似人們或行為的正向部分，但是忽略那些看似負向的部分。交流分析的名詞將「忽略」（ignorning）稱為「漠視」（discounting）。

其他某些較為樂觀的作家則認為：「我好，你也好」是把人物與問題區隔開來。例如：「有時候我可能不喜歡或不接受你**做**的事情。然而我總是接受你的**存在**。雖然我不見得認同你的行為，但是你作為一個人類的本質對我來說是 OK 的」（Stewart & Joines, 1987: 6；楷體字為原作者強調）。這段陳述讓我們清楚了解並不需要漠視負向行為。然而，它並沒有回答以下這個問題：以實務的角度而言，我要採取什麼行動表達我接納了某人的「本質」呢？

關於這個問題，我認為我們只需以「正向意圖」取代「本質」（essence）這兩個字。於是我們可能會說：「我不可能喜歡或接受你的行為模式，而且不可能喜歡或接受你所抱持的某些價值。然而，只要你的行為與價值遵循我可以認同的**正向意圖**，我總是可以接納並且尊重。」

202

尋找正向意圖的好處

　　尋找正向意圖有什麼實際的好處呢？一開始的時候，這項原則會產生許多特殊的技巧。先前我已經提出許多技巧，主要都在「聲音轉換」（第 29 章）與「溫柔的面質」（第 27 章）兩章當中。

　　在運用更多的傳統技巧時，尋找正向意圖也有助於你採取有效的方法導引自己的介入。例如，空椅工作會有某種常見的情境，個案在原來的椅墊上陳述其渴望，並期待擺脫投射在另一個椅墊上令人厭惡的形象。如果你單純地採取行動，並且促使個案打破與「母親」或「父親」之間的溝通，或是擺脫他所分裂出來的一部分，經常令個案與諮商師雙方都感覺好像得到滿意的「落幕」。然而，如同 Mellor（1980）所說，這條路徑總有其代價。這意味個案從此將排除自我狀態結構的某個部分。但是，那個內化的父母形象，或者兒童自我被否認的部分，仍然是個案所創造的重要內涵。排除了這個部分也就是排除了潛在可以增進他自己成長與利益的資源。

203 　　於是，比較好的方法是以尋找正向意圖的方式進行思考。而不是「擺脫」或者「除去」自我狀態結構的某一部分，你可以鼓勵個案發掘對自己的正向意圖。於是他可以繼續協調出方法，讓現在可以建設性地成就正向意圖。這將轉而有助於他與自我的某些部分達成和解，並重新加以整合。

　　同樣地，作為支援介入與技巧的角色，尋找正向意圖在選擇態度的更廣泛脈絡當中具有其價值。當我們接受了這項觀念，認為所有的自我狀態結構都有其正向意圖，於是我們也會了解，與自我狀態結構內的所有部分維持友善的關係，對我們來說再恰當不過了。個案自我狀態結構的任何一個部分，都不需要被譴責或否定。

　　於是，我們不再藉由稱呼他們「巫婆」、「食人魔」、「豬」這樣的名稱，造就對父母自我狀態的侮辱。反而，所有內化的父母形象都可以被置換成另一個心地善良的父母，雖然他們在處理某些事情時，可能用了某些誤導但確實具有傷害性的做法。這些正向意圖總是可以被找回來的，於是先前「負向」的父母便可以轉換為個體正向的資源。

　　一旦你持續地尋找正向意圖，你會發現自己自動地不再使用某些詞彙，例如：「責備」、「錯誤」、「破壞」及「抗拒」等等。同時，它們所呈現的概念也會在你的參考架構中消失。你不會再問自己這樣的問題：「個案為何抗拒改變？」而是會問：「什麼正向意圖使得個案拒絕以我建議的方式做改變？」

　　正向詢問的態度，反而會產出我在第 2 章與第 5 章提到的正向思維，那也就是：「期待成果而非回溯問題」。當你專注於正向意圖時，顯然就沒有必要追究個體的問題。的確，除非是與**不要**再重蹈覆轍有關的歷史資料，問題本身已經與個體的改變沒有任何關係。這些個案企圖用來成就正向意圖的「問題」，只不過帶來反效果罷了。個案已經相當熟悉如何施展反效果的行為，因此並不需要再多做討論。引人入勝的問題反而是：「我們現在已經了解你的正向意圖，那麼你可以採取哪些不同的行動，讓自己比以前更有效地運用資源，也更加成熟與自動自發地實踐自己的正向意圖呢？」

尋找自己的正向意圖

204

　　直到現在，我專注的是交流分析初始原則的後半部分，亦即所謂「你好」（You're OK）。然而我相信同樣重要的是前半段「我好」（I'm OK）的部分。以實務的角度看來，這意味你要與個案一

樣尋找**自己**的正向意圖。這個概念馬上可以應用在第 10 章我所描述的成果矩陣模型。

以更宏觀的角度而言，尋找正向意圖對你及個案都同樣有建設性的影響。當你在諮商中犯錯或走錯方向時，你將不容易因此「責備」自己。的確，你會了解自己不可能自責，因為你所用的詞彙當中已經不見「責備」一詞的蹤影。反之，你只需單純地自問：「已經具備了治療性的意圖，我可以如何採用不同的介入手法，更一致、優雅與快速地實踐這份意圖呢？」

當然，這裡有個平行性的問題，你可以用來澄清個案**他**的意圖與行為。它指出你與個案共同參與一段迷人的發現之旅。在這段航程當中，**正向意圖與所期待的成果**將會提供你與個案導航。

當你傳遞訊息給個案，表明他自己自我狀態的「各個部分」全都真心地善待他；你也可以保持覺察，體會自己的「各個部分」全都善待自己。在諮商的歷程中，你自己的任何部分都不需要遭受責備、否定或排除。

因此，尋找正向意圖的具體實踐自然地促進個體的一致性，它也意味著對你與個案都給予非條件化的善意（unconditional positive regard）。而且我相信那也正是我們運用交流分析的語彙「我好，你也好」所要傳達的意義。

References

参考文献

American Psychiatric Association (1994) *Diagnostic and Statistical Manual of Mental Disorders* (4th edn). Washington, DC: APA.

Andreas, C. and S. Andreas (1989) *Heart of the Mind*. Moab: Real People Press.

Andreas, S. and C. Andreas (1987) *Change Your Mind – and Keep the Change*. Moab: Real People Press.

Bandler, R. (1985) *Using Your Brain – for a Change*. Moab: Real People Press.

Bandler, R. and J. Grinder (1975) *The Structure of Magic Vol. I*. Palo Alto: Science and Behavior Books.

Berne, E. (1961) *Transactional Analysis in Psychotherapy*. New York: Grove Press.

Berne, E. (1964) *Games People Play*. New York: Grove Press.

Berne, E. (1966) *Principles of Group Treatment*. New York: Oxford University Press.

Berne, E. (1972) *What Do You Say After You Say Hello?* New York: Grove Press.

Boyd, H. and L. Cowles-Boyd (1980) 'Blocking Tragic Scripts', *Transactional Analysis Journal*, 10 (3): 227–9.

Cameron-Bandler, L., D. Gordon and M. Lebeau (1985) *The Emprint Method: a Guide to Reproducing Competence*. San Rafael: Futurepace.

Cowles-Boyd, L. (1980) 'Psychosomatic Disturbances and Tragic Script Payoffs', *Transactional Analysis Journal*, 10(3): 230–1.

Crossman, P. (1966) 'Permission and Protection', *Transactional Analysis Bulletin*, 5 (19): 152–4.

Drye, R., R. Goulding and M. Goulding (1973) 'No-Suicide Decisions: Patient Monitoring of Suicidal Risk', *American Journal of Psychiatry*, 130 (2): 118–21.

English, F. (1971) 'The Substitution Factor: Rackets and Real Feelings', *Transactional Analysis Journal*, 1 (4): 225–30.

English, F. (1972) 'Rackets and Real Feelings, Part II', *Transactional Analysis Journal*, 2 (1): 23–5.

Erskine, R. (1973) 'Six Stages of Treatment', *Transactional Analysis Journal*, 3 (3): 17–18.

Erskine, R. and J. Moursund (1988) *Integrative Psychotherapy in Action*. Newbury Park: Sage.

Erskine, R. and M. Zalcman (1979) 'The Racket System: A Model for Racket Analysis', *Transactional Analysis Journal*, 9 (1): 51–9.

Goulding, M. and R. Goulding (1979) *Changing Lives Through Redecision Therapy*. New York: Brunner/Mazel.

Goulding, R. and M. Goulding (1978) *The Power is in the Patient*. San Francisco: TA Press.

Guichard, M. (1987) 'Writing the Long Case Study', workshop presentation, EATA Conference, Chamonix (unpublished).

Holloway, W. (1973) 'Shut the Escape Hatch', *Monograph IV*, William D. Holloway MD.

Joines, V. (1986) 'Using Redecision Therapy with Different Personality Adaptations', *Transactional Analysis Journal*, 16 (3): 152–60.

Kahler, T. (1974) 'The Miniscript', *Transactional Analysis Journal*, 4 (1): 26–42.

Kahler, T. (1978) *Transactional Analysis Revisited*. Little Rock: Human Development Publications.

Kahler, T. (1979a) *Managing with the Process Communication Model*. Little Rock: Human Development Publications.

Kahler, T. (1979b) *Process Therapy in Brief*. Little Rock: Human Development Publications.

Lakein, A. (1973) *How to Get Control of Your Time and Your Life*. New York: Signet.

Lapworth, P. (1995) 'Transactional Analysis', in M. Jacobs (ed.) *Charlie: an Unwanted Child?* Buckingham: Open University Press.

McNeel, J. (1976) 'The Parent Interview', *Transactional Analysis Journal*, 6 (1): 61–8.

Mellor, K. (1980) 'Reframing and the Integrated Use of Redeciding and Reparenting', *Transactional Analysis Journal*, 10 (3): 204–12.

Mellor, K. and E. Sigmund (1975a) 'Discounting', *Transactional Analysis Journal*, 5 (3): 295–302.

Mellor, K. and E. Sigmund (1975b) 'Redefining', *Transactional Analysis Journal*, 5 (3): 303–11.

O'Hanlon, B. and J. Wilk (1987) *Shifting Contexts: the Generation of Effective Psychotherapy*. New York: Guilford.

Perls, F. (1971) *Gestalt Therapy Verbatim*. Des Plaines: Bantam.

Schiff, J., A.W. Schiff, K. Mellor, E. Schiff, S. Schiff, D. Richman, J. Fishman, L. Wolz, C. Fishman and D. Momb (1975) *The Cathexis Reader: Transactional Analysis Treatment of Psychosis*. New York: Harper and Row.

Southgate, J. and R. Randall (1978) *The Barefoot Psychoanalyst* (2nd edn). London: Association of Karen Horney Psychoanalytic Counsellors.

Steiner, C. (1966) 'Script and Counterscript', *Transactional Analysis Bulletin*, 5 (18): 133–5.

Steiner, C. (1974) *Scripts People Live: Transactional Analysis of Life Scripts*. New York: Grove Press.

Stewart, I. (1989) *Transactional Analysis Counselling in Action*. London: Sage.

Stewart, I. (1992) *Key Figures in Counselling and Psychotherapy: Eric Berne*. London: Sage.

Stewart, I. and V. Joines (1987) *TA Today: a New Introduction to Transactional Analysis*. Nottingham: Lifespace.

Stuntz, E. (1973) 'Multiple Chairs Technique', *Transactional Analysis Journal*, 3 (2): 29–34.

Thomson, G. (1983) 'Fear, Anger and Sadness', *Transactional Analysis Journal*, 13 (1): 20–4.

Ware, P. (1983) 'Personality Adaptations', *Transactional Analysis Journal*, 13 (1): 11–19.

Woollams, S. and M. Brown (1978) *Transactional Analysis*. Dexter: Huron Valley Institute.

Woollams, S. and M. Brown (1979) *TA: the Total Handbook of Transactional Analysis*. Englewood Cliffs: Prentice-Hall.

Index

國家圖書館出版品預行編目資料

交流分析諮商能力發展／Ian Stewart 著；江原麟譯. --
　初版. -- 臺北市：心理，2008.07
　　面；　公分. -- （輔導諮商；76）
參考書目：面
含索引
譯自：Developing transactional analysis counselling
ISBN 978-986-191-139-7（平裝）

1. 諮商技巧　2. 心理諮商

178.4　　　　　　　　　　　　　　　　　　　　97005905

輔導諮商76　　　**交流分析諮商能力發展**

作　　　者：Ian Stewart
譯　　　者：江原麟
執 行 編 輯：林汝穎
總　編　輯：林敬堯
發　行　人：洪有義
出　版　者：心理出版社股份有限公司
社　　　址：台北市和平東路一段 180 號 7 樓
總　　　機：(02) 23671490　　　傳　真：(02) 23671457
郵　　　撥：19293172　心理出版社股份有限公司
電 子 信 箱：psychoco@ms15.hinet.net
網　　　址：www.psy.com.tw
駐 美 代 表：Lisa Wu　　　tel: 973 546-5845　fax: 973 546-7651
登　記　證：局版北市業字第 1372 號
電 腦 排 版：葳豐企業有限公司
印　刷　者：正恒實業有限公司
初 版 一 刷：2008 年 7 月